Las **parejas**
inteligentes
enriquecen
juntas

GUSTAVO CERBASI

Las parejas
inteligentes
enriquecen
juntas

THOMAS NELSON
Since 1798

NASHVILLE   DALLAS   MEXICO CITY   RIO DE JANEIRO

© 2009 por Grupo Nelson®
Publicado en Nashville, Tennessee, Estados Unidos de América.
Grupo Nelson, Inc. es una subsidiaria que pertenece
completamente a Thomas Nelson, Inc.
Grupo Nelson es una marca registrada de Thomas Nelson, Inc.
www.gruponelson.com

Título original en portugués: *Casais Inteligentes Enriquecem Juntos*
© 2004 por Gustavo Cerbasi
Publicado por Editora Gente
Rua Pedro Soares de Almeida, 114
São Paulo, SP CEP 05029-030, Brasil

Traducción: *Reina María de Lourdes Hernández Fuentes*
Adaptación del diseño al español: *Grupo Nivel Uno, Inc.*

ISBN: 978-1-60255-147-3

Impreso en Estados Unidos de América

10 11 12 13 14 EPAC 8 7 6 5 4

Para mi esposa, Adriana, con quien comparto riquezas que el dinero nunca podrá comprar.

Agradecimientos

Tengo mucho que agradecer a aquellos con quienes conviví hasta hoy y que me trajeron hasta aquí. Sin embargo, en este libro, agradezco especialmente a las parejas de amigos y parientes, casados o no, con quienes compartí experiencias e ideas. En especial a dos queridas parejas de amigos y padrinos de boda: Angélica y Achilles Facciollo, por los momentos de diversión repletos de buenas enseñanzas, y a Silvia y Mauricio Ianez, por la intensa convivencia y la ayuda en la planeación de proyectos e ideas.

A la más importante de todas las parejas de mi vida, mis padres Elza y Tommaso.

A mi mitad esencial, Adriana, motivo de todo.

A Dios, que selló las uniones y va iluminando los caminos de esas personas que tanto amo.

Contenido

Introducción

Gran parte de los problemas en las relaciones entre marido y mujer comienzan con el dinero, en exceso o escasez. Cuando el salario de la pareja no alcanza para pagar los gastos del mes, la vida diaria tiende a ser una desagradable monotonía y cualquier propuesta más romántica que implique gastos es cortada de raíz. Las dificultades subsecuentes de esta escasez generan conflictos entre los cónyuges, que no siempre se dan cuenta de que el problema es financiero.

El gran encanto del dinero está en el hecho de que raramente aparece como el villano de la historia. Si no hay dinero para una cena romántica, el problema se percibe como falta de romanticismo; si no hay dinero para renovar el guardarropa, el problema se percibe como descuido; si no hay dinero para llevar a los niños al parque, el problema se percibe como falta de cariño. Esas situaciones encubren un error común: la falta de habilidad para lidiar con el dinero y conseguir que rinda.

Por otro lado, cuando la entrada de la pareja es alta, raramente marido y mujer llegan a un acuerdo sobre sus hábitos de consumo y sobre la mejor manera de administrar sus finanzas, lo que también origina conflictos. Uno reclama de los hábitos descuidados del otro que, a su vez, cree que muchas conquistas familiares están retrasándose por culpa de los gastos innecesarios de su pareja. Y los motivos para enfrentamientos y discusiones explosivas se van acumulando.

El problema es que no dialogan sobre el dinero de forma preventiva, sino solo cuando la bomba ya explotó y el pleito se vuelve inevitable. En cuestiones de dinero, las personas buscan ayuda cuando la solución va a costar mucho más. Y entonces puede ser demasiado tarde para salvar la relación.

Una encuesta publicada en la revista *Voce S/A* de junio de 2004, hecha a ciento cincuenta personas casadas, revela que 38% de ellas asumen que pelean a causa del dinero. La publicación destaca que ese porcentaje no está considerando parejas que están rumbo a un problema serio sino que prefieren fingir que todo está bien. Las razones principales señaladas para los pleitos son la falta de dinero y los gastos excesivos del cónyuge. Los hombres en general no están de acuerdo con las decisiones de compra de las mujeres, mientras que ellas cuestionan las opciones de ellos en la forma en que gastan el dinero.

Al final, hoy en día, la mujer no solo conquistó una posición social y profesional equiparada a la del hombre, sino que pasó a discutir y compartir el control de la planeación, de las finanzas de la familia y de los negocios familiares. Esa nueva realidad también generó la necesidad de llegar a un acuerdo sobre la administración de los recursos familiares como pareja.

Es más, la mayor parte de las dudas y comentarios sobre mi libro anterior titulado *Dinero: Los secretos de quien lo tiene,* en el cual desarrollé un modelo de acumulación de riqueza planeada que recibí de lectores, vinieron de mujeres casadas. Ese hecho comprueba la madurez que la emancipación femenina y la revolución sexual del siglo pasado proporcionaron a la relación matrimonial.

Administrar bien la relación conyugal requiere cierta habilidad y paciencia. Lo que muchos enamorados a veces tardan en percibir es que administrar las finanzas de la pareja también requiere esas y otras virtudes. Por lo tanto, administrar bien tanto el dinero como el amor, puede ser un verdadero desafío. Por eso propongo en este libro medios para cuidar bien de las finanzas de la relación, tratando los aspectos más racionales de la vida juntos.

Mi trabajo de investigación en finanzas personales tiene como foco la idea de que una vida planeada y con objetivos es más feliz. He constatado eso en las declaraciones que recibo de lectores que consiguieron administrar bien sus finanzas a lo largo de los años, y ahora disfrutan una vida sin privaciones. También he oído, consternado, a personas de cierta edad confesar que, si hubiesen aprendido en el pasado algunas simples lecciones sobre la administración de su patrimonio, hoy tendrían una vida más holgada.

Este libro se divide en tres partes. En la primera, abordo la cuestión del comportamiento en relación a las finanzas, y ayudo a los lectores a identificar su perfil financiero y el tipo de pareja que forman cuando el asunto es dinero. La segunda parte examina los aspectos financieros de la relación a lo largo de la vida, proponiendo alcanzar las metas y los sueños de la pareja. Traté el asunto en la siguiente secuencia: noviazgo, matrimonio, formación de la familia y educación de los hijos. A pesar de llevar una sugerencia del orden natural del ciclo de la vida, tanto en términos sentimentales como financieros, los temas acaban mezclándose. El noviazgo no termina necesariamente con la vida en pareja; por eso, muchas de las consideraciones que hago sobre el noviazgo son válidas para toda la vida. Lo mismo vale para otros aspectos. Algunos se ven obligados a constituir una familia antes inclusive del noviazgo, como consecuencia, por ejemplo, de un embarazo inesperado. Otros se jubilan antes de tener hijos, tomando en cuenta la posibilidad de una jubilación financiera, al recibir una gran cantidad de dinero cuando son jóvenes. Opté por abordar la jubilación en la tercera parte, en la cual trato de decisiones inteligentes que anticiparán la conquista de sueños y las herramientas para proteger lo que se conquistó. Insisto en tratar la jubilación con un sentido de independencia y disfrute, no de retiro. La lectura del libro mostrará los medios para entender y alcanzar ese nuevo sentido, ofreciendo lecciones de finanzas para reflexionar sobre el tema y aplicarlas a lo largo de toda la vida.

Parte I

Una unión financieramente feliz

Capítulo I

*Perfiles financieros: Cuando la cabeza
se equivoca, el bolsillo sufre*

Perfiles financieros: Cuando la cabeza se equivoca, el bolsillo sufre

• *Tres historias, tres cuentas corrientes, resultados diferentes*

No hay duda de que la falta de diálogo sobre dinero entre la pareja es pésimo para las finanzas de la familia, y puede contribuir para acabar con la relación. Pero dialogar no resuelve el problema si el tema **dinero** no está ligado al asunto **objetivos**. «Cada cabeza es un mundo», dice el refrán. Tal vez uno de los dos sueñe con viajar al exterior todos los años y el otro con comprar una casa donde pasar las vacaciones. Si ambos desconocen los objetivos del otro, siempre habrá un sentimiento de frustración al lado de cada conquista.

La falta de planeación hace que los sueños de uno se conviertan en trabas para la conquista de las aspiraciones del otro. De ahí la necesidad de ambos de tenderse una mano y discutir los medios para conquistar objetivos comunes y objetivos personales, respetando las metas a largo plazo. No esperen comprar una casa de campo para comenzar a ahorrar para la jubilación. Ahorren simultáneamente para alcanzar los dos objetivos, aun cuando el primero se tarde un poco más.

Vean los tres siguientes casos, de parejas alrededor de los treinta años, sin hijos, en que ambos trabajan. Perciban cómo la manera en que marido y mujer enfrentan el dinero puede definir la calidad de la relación y el éxito en la conquista de objetivos comunes.

A todo vapor

Cuando Victoria y Renato se casaron, llevaban seis años trabajando y tenían una cuenta de ahorros conjunta. Fueron novios durante ocho años y esperaron a que su vida profesional se estabilizara para finalmente juntar los cepillos de dientes. Cuando decidieron unirse, iba en serio: desde la cuenta corriente hasta las inversiones, desde la tarjeta de crédito a las planillas de gastos, las finanzas de ambos se convirtieron en una sola cosa. Como ambos ya eran organizados, poca cosa cambió después del matrimonio. Cada mes, se sientan juntos a verificar los gastos y el saldo de las cuentas. También controlan si las metas se están cumpliendo o si la planeación exige algún ajuste. Tanta disciplina ya hizo posible dos viajes de vacaciones al exterior y una especialización en Francia para Victoria. Viven en un amplio apartamento frente al mar, ya pagado, tienen un automóvil de lujo y otro económico, contribuyen mensualmente a un plan de retiro que les hará posible jubilarse al cumplir sesenta años, y están ahorrando específicamente para cursos de especialización que ambos planean hacer en Francia dentro de dos años.

Estado financiero de la pareja

Entrada mensual	$ 5,467.48
Inversiones	$ 47,995.12
Ahorros mensuales	$ 750.00
Deudas	$ 0.00

Comentario: Con gastos mensuales de poco más de $4,700.00, esta pareja disfruta la tranquilidad de tener una inversión suficiente para cubrir más de diez meses de eventual desempleo. Los $750.00 ahorrados por mes (13.7% de las entradas) hacen que esa seguridad aumente cada mes. Como el plan de retiro —no incluido en las aplicaciones mensuales— ya garantiza a la pareja la jubilación deseada, los recursos ahorrados forman una buena reserva para mejorar su forma de vida o incluir un bebé en sus planes.

Uno empujando al otro

Ana Claudia y Pedro viven en el mismo edificio de Victoria y Renato. Su matrimonio fue posible gracias a la ayuda de los padres de Ana Claudia, que les prestaron el dinero para comprar el apartamento, a intereses reducidos. Hoy, cuatro años después, la deuda está a tres meses de ser liquidada, y ellos poseen una libreta de ahorros con recursos que guardaron en otra época. A Ana Claudia no le gusta hacer cuentas y confía a Pedro todo el control finan-ciero del hogar. No obstante, es ella quien hace la mayoría de las compras de la casa, ya que Pedro no soporta ir al supermercado. Aun así, Pedro le explica a Ana Claudia el porqué de cada decisión tomada al invertir, y aprovecha su capacidad de organización para preparar listas de compras con la información de precios anteriores con el fin de ayudar a su esposa a elegir. Para facilitar la vida de su esposo, Ana Claudia accedió a desarrollar el hábito de guardar reci-bos o anotar los gastos diarios en su agenda. La meta de ambos es contribuir mensualmente a un plan de ahorros privado cuando salden la deuda con los padres de Ana. El mismo valor que pagan cada mes pasará a ser destinado al plan de ahorros porque ellos están habituados a un estilo estable de gastos.

Estado financiero de la pareja

Entrada mensual	$	4,340.00
Inversiones	$	7,330.07
Ahorros mensuales	$	0.00
Deudas	$	3,000.00

Comentario: A pesar de no tener reservas suficientes para grandes emer-gencias, ambos, gracias a la organización y a la meta de iniciar a corto plazo un plan de jubilación, ya llevan un camino bastante tranquilizador. Un medio para anticipar esa meta sería utilizar parte de las inversiones para liquidar las deudas, evitando el innecesario pago de intereses que probablemente consuman todo el rendimiento de las inversiones, o más.

Uno tropezando con el otro

Patricia y Sergio tuvieron la suerte de casarse sin deudas. Ambos con buenos empleos, adquirieron una bella residencia cuando compraron un condominio cerca de Sao Paulo, el cual pagaron al contado. Sergio nunca fue un gran consumista, pero no deja de cambiar de automóvil todos los años. Patricia, por su parte, siempre ha insistido en invertir, lo cual es un factor importante en su carrera como vendedora. Hace tres años, siguiendo los consejos de buenos amigos, Sergio invirtió en una gran empresa del mercado de acciones. Pero el resultado de las inversiones tardó en aparecer, y las acciones se desvalorizaron. Como Sergio sabía que aquel no era un buen momento para venderlas, pidió ayuda a Patricia para que redujera los gastos por un tiempo. Ella, inconforme con la mala elección de su marido, se sintió perjudicada; ¡no era justo tener que pagar por su error! Como comenzaron a pelear sobre el asunto, resolvieron que no hablarían más sobre ello y que cada uno llevaría sus cuentas como mejor le pareciese. Tiempo después, por un descuido, comenzaron a pagar intereses más altos. Patricia había gastado un poco más de la cuenta en un viaje de negocios. Sergio todavía tenía las acciones y tuvo que vender parte de ellas para pagar la deuda. Fue la gota que faltaba para una serie de desentendidos, que se convirtieron en pleito cuando Sergio cambió su automóvil, generando una nueva deuda. Dejaron de viajar y de salir con amigos comunes. Hace un año, casi se divorciaron. Hoy están tratando de salvar la relación con la ayuda de una terapeuta de parejas y de un consejero financiero.

Estado financiero de la pareja

Entrada mensual	$	7,910.50
Inversiones	$	8,100.00
Ahorros mensuales	$	0.00
Deudas	$	32,600.04

Comentario: Como la pareja no resistió la tentación de anticipar la ascensión de su forma de vida, hoy acumula una deuda equivalente a más de cuatro meses de salarios, fruto de malas decisiones. En esas condiciones, jamás estarán tranquilos. Es fundamental que reduzcan sus gastos, para tratar de saldar sus deudas cuanto antes. Están corriendo el riesgo de no tener reservas para ninguna contingencia. Sergio debía hablar con algún analista de su banco sobre el potencial de sus acciones, y si no hay grandes expectativas de rentabilidad futura, tal vez reconocer las pérdidas. En la situación de ellos, la peor inversión es en activos de riesgo, como las acciones.

Estos ejemplos, adaptados de casos reales son consecuencia de la unión de perfiles diferentes —o semejantes, como en el primer caso— en relación a las finanzas. Conocer el propio perfil y el de la pareja, y saber sus limitaciones es lo primero que se debe hacer antes de comenzar a dialogar sobre dinero. Las conversaciones nunca estarán libres de divergencias o dudas. Conocerse a sí mismo permitirá que uno ayude al otro a superar sus debilidades, para que la relación, al igual que el dinero y la realización de sueños, pueda prosperar.

• ¿Cuál es su perfil?

Existen básicamente cinco estilos de cómo manejar el dinero. Vean con cuál de ellos se identifican.

AHORRADORES: *Saben que es importante guardar y, por eso, no les molesta restringir al máximo los gastos actuales, para ahorrar cuanto sea posible y conquistar la independencia con mucho dinero. No siempre sus intenciones son comprendidas; frecuentemente reciben críticas por ser mezquinos o avaros, verdaderos «Mac Patos». Puntos fuertes: Disciplina y capacidad de economizar. Puntos débiles: Conformismo con un estilo de vida sencillo, restricciones con las nuevas experiencias.*

GASTADORES: *Para ellos, la vida es medida a lo ancho y no a lo largo. Lo importante es vivir bien hoy, pues el mañana puede no existir. Gastan todo su salario, y a veces un poco más. Gastan para ostentar, se destacan por su ropa cara, y no les molesta pedir un préstamo si el objetivo es ser feliz. Si tienen algo ahorrado es solo para el siguiente viaje. Su estilo de vida es admirado entre sus amigos. Puntos fuertes: Hábitos poco apegados a rutinas, apertura a nuevas tendencias, muchos pasatiempos. Puntos débiles: Inseguridad en relación al futuro, dependencia extrema de la estabilidad en su empleo, aversión a controles, presupuestos y cuentas.*

DESCONTROLADOS: *No saben cuánto dinero entra ni perciben cuánto sale de la cuenta. Cada mes parece que el dinero rinde menos. Están siempre cortando gastos, pero nunca es suficiente. Con frecuencia usan crédito y pagan solo parcialmente la cuenta de la tarjeta, por falta de fondos. En casa, no existe la menor posibilidad de que se sienten y se organicen, pues siempre tienen cosas importantes que hacer. Puntos fuertes: ¿Es posible identificar alguno? Puntos débiles: Indisciplina, propensión a conflictos, pago innecesario de intereses, desorientación.*

DESPISTADOS: *Gastan menos de lo que ganan, pero no saben exactamente cuánto. Ahorran lo que sobra, cuando sobra. Viajan o cambian de automóvil cuando obtienen un valor más alto en sus inversiones. Si no tienen dinero en la cuenta, compran en mensualidades. Cuando llegan los estados de cuenta del banco, van para el archivo sin abrirlos siquiera. Cada mes la cuenta de la tarjeta de crédito es una sorpresa. Siempre creen que todavía es demasiado temprano para pensar en la jubilación. Puntos fuertes: Vacaciones financieras, espacio para reducir gastos, si fuese necesario. Puntos débiles: Incapacidad para establecer y alcanzar objetivos, resistencia a planes que exijan disciplina.*

FINANCISTAS: *Son rigurosos con el control de gastos, con el propósito de economizar. No siempre su objetivo es ahorrar; a veces pretenden acumular* para poder comprar más pagando menos. Elaboran planillas, andan con calculadora y lista de compras en los supermercados y centros comerciales, hacen estadísticas y proyecciones con cantidades y frecuencia impresionantes. Entienden sobre inversiones, intereses e inflación, y parientes y amigos los buscan para asesorarse. *Puntos fuertes:* Facilidad para desarrollar planes y ponerlos en práctica, selección crítica de inversiones, capacidad de emplear mejor el dinero. *Puntos débiles:* En general son boicoteados por la familia, que no se conforma con tanto detalle; si no consiguen darse a entender, se vuelven unos pesados.

• Pronóstico financiero de la pareja

Vean lo que pueden esperar de su futuro financiero, de acuerdo con la combinación de sus perfiles:

AHORRADOR+GASTADOR: *Los números estarán siempre en contra de ustedes. Si no ajustan sus actitudes, su unión estará llena de crisis y pleitos. La sugerencia es que se inscriban juntos en un curso de planeación financiera personal, para que el ahorrador encuentre las verdaderas razones para guardar dinero, y el gastador aprenda a refrenar sus impulsos. Perfil de parejas de este tipo: Uno tropezando con el otro.*

AHORRADOR+DESCONTROLADO: *El esfuerzo del ahorrador permitirá un futuro seguro que el descontrolado jamás conseguiría; sin embargo, el ahorrador tendrá que remar a solas para realizar los sueños de ambos. Todo indica que el ahorrador no tendrá éxito en acumular más de lo necesario, pues siempre tendrá al descontrolado junto a él para frustrar gran parte de sus objetivos. Esta relación tiende a un equilibrio, aunque ambos no sepan exactamente para dónde están yendo o por qué acumulan recursos. Perfil de parejas de este tipo: Uno empujando al otro.*

AHORRADOR+DESPISTADO: Discusiones relacionadas con dinero, ¡jamás! Los despistados tienden a estar de acuerdo con la necesidad de ahorrar para el futuro y son excelentes colaboradores para alcanzar ese objetivo. Es importante que el ahorrador busque aprender más sobre planeamiento personal, pues este modelo de pareja llega a la vejez con dos cosas acumuladas: dinero y frustración. Marido y mujer nunca sabrán a ciencia cierta cuándo es hora de gastar un poco. Perfil de parejas de este tipo: Uno empujando al otro, no obstante con el riesgo de envejecer con la sensación de que el otro fue un obstáculo.

AHORRADOR+FINANCISTA: Si el financista aprende a controlar los impulsos conservadores del ahorrador, esta será una unión de éxito financiero. El financista tiene los argumentos que el ahorrador necesita para «despreocuparse» un poco. El ahorrador tendrá la misión de que su pareja no se pierda en los detalles y se enfoque a largo plazo en lo principal. Perfil de parejas de este tipo: tendencia a comenzar uno empujando al otro para después ir «a todo vapor».

GASTADOR+DESCONTROLADO: Este es el tipo de relación que no va a durar mucho para contar su historia. El gastador tiende a disfrutar sin guardar nada, y el descontrolado va mucho más lejos, gastando más de la cuenta. Con el tiempo, el gastador se dará cuenta de que no consigue alcanzar sus deseos materiales de consumo porque su pareja no colabora. Y esa dificultad de colaboración muchas veces es entendida como abuso o individualismo. No hay amor que sustente tal situación. Perfil de parejas de este tipo: A todo vapor rumbo a la separación.

GASTADOR +DESPISTADO: La tranquilidad reinará a lo largo de su relación. Como el gastador se apega al consumo y el despistado no, ambos se enorgullecerán del espacio concedido al otro. Si esa armonía fuese bien administrada y el gastador aprende a disciplinar su consumo, todavía sobrarán *recursos para construir, a lo largo de los años, una jubilación con un razonable estilo de vida. Probablemente, necesitarán la ayuda de un consultor financiero o de un plan de retiro privado para conquistar sus sueños. Perfil de parejas de este tipo: Uno empujando al otro.*

GASTADOR+FINANCISTA: *Como en la unión del ahorrador con el financista, es el matrimonio de la razón con la emoción. Todo depende de la capacidad del financista de probar que pueden juntos garantizar muchas más conquistas si actúan de una forma planeada. El equilibrio debe buscarse permanente y conscientemente; cuando se alcanza, es la base de una pareja que sabrá disfrutar la vida con seguridad. Perfil de parejas de este tipo: Uno empujando al otro.*

DESCONTROLADO+DESPISTADO: *La relación será navegar rumbo al infinito, sin saber nunca a que puerto llegarán. Las tempestades y los problemas llegarán sorpresivamente, como el iceberg que hundió al Titanic. El descontrolado siempre conseguirá que el estado de cuenta bancario llegue en rojo, pero tendrá al distraído de su lado para culpar a todo el mundo menos a sí mismo: bancos, inflación, intereses, gobierno, agentes financieros, etc. Nunca conseguirán acumular riquezas, pues creen que eso no depende de ellos. Perfil de parejas de este tipo: A todo vapor, pero en sentido contrario a sus sueños.*

DESCONTROLADO+FINANCISTA: *¡Tempestades a la vista! Puede ser que un financista hasta consiga convencer a su pareja descontrolada de la importancia de organizarse pero, por más que trate, jamás conseguirá persuadirla de poner en práctica la organización. El éxito de una relación dependerá de que el financista asuma el manejo de las finanzas y sea creativo a la hora de limitar los gastos. Perfil de parejas de este tipo: Uno tropezando con el otro.*

DESPISTADO+FINANCISTA: *Si no son de mucho diálogo, el financista tiende a asumir el control de las finanzas sin la colaboración del despistado, al* que el exceso de control le parecerá una exageración. No obstante, si ambos saben lidiar con el comportamiento de la pareja, esa relación se inclinará a resultar un verdadero éxito financiero, pues el despistado no creará trabas a la construcción de planes y sabrá disfrutar cada conquista a su tiempo. Perfil de parejas de este tipo: Uno empujando al otro.

Toda relación entre personas del mismo perfil es del tipo «a todo vapor». Difícilmente surgirán conflictos relacionados al dinero, pues los dos piensan de la misma forma. Es necesario, sin embargo, evitar los riesgos típicos de cada perfil.

AHORRADOR+AHORRADOR: Tendrán éxito si se esfuerzan por encontrar un sentido para el dinero y desarrollan metas de ahorro. Si no cambian, el perfil de la pareja se encaminará a todo vapor a un futuro lleno de dinero pero pobre en sentimientos.

GASTADOR+GASTADOR: Deben evitar gastar 100% de su salario. Los gastadores saben vivir muy bien, lo que es peor, exageran. Si consiguen conciliar sus hábitos de bon vivant con inversiones en el futuro, dejarán de tener el perfil de la pareja que se dirige a todo vapor a problemas financieros en la vejez.

DESCONTROLADO+DESCONTROLADO: A diferencia de la pareja de gastadores, los descontrolados no tendrán que esperar a ser viejos para meterse en problemas. Es el tipo de relación que si sobrevive, será a costa de mucho sufrimiento y privación. No se trata de un caso perdido, siempre que se acompañe de una buena terapia de pareja. En la mayoría de los casos, las parejas marcharán a todo vapor al encuentro de eternos problemas, no solo financieros.

DESPISTADO+DESPISTADO: Esta pareja puede o no alcanzar sus metas. La cuestión es que no sabe la forma de hacerlo y tal vez ni identifique los objetivos. Como sus preocupaciones no están centradas ni en el dinero ni en el consumo, será mucho más fácil acumular riqueza con la orientación de un especialista o la implementación de planes de retiro. Con esa conducta, ellos marcharían a todo vapor rumbo a una vida sin problemas financieros.

FINANCISTA+FINANCISTA: *Lo que a la mayoría les falta, esta pareja lo tiene en exceso. La organización financiera es buena, pero no puede ser el tema de todas las conversaciones, comiendo pizza con los amigos, en la intimidad de la vida. Un planeamiento financiero bien hecho requiere la creación de límites aproximados de gastos. Si las parejas se salen del límite, los pequeños ajustes enseguida resuelven la cuestión. Aprovechar los resultados y no obsesionarse es fundamental; en caso contrario, estarán a todo vapor rumbo a una vida de números, y no de sentimientos.*

¿Cuál es su perfil y el de su pareja?

	SUYO	SU PAREJA
Ahorradores	☐	☐
Gastadores	☐	☐
Descontrolados	☐	☐
Despistados	☐	☐
Financistas	☐	☐

¿Cuál es el pronóstico financiero de su pareja?

Capítulo 2

La dificultad para planear:
Un problema de casi todas las familias

En el estereotipo de una familia financieramente exitosa, el tamaño de la casa y del automóvil aumenta a lo largo de los años, los niños tienen los juguetes electrónicos de moda y reciben un automóvil al entrar a la facultad, la casa de campo o de playa de los papás se vuelve el destino de fin de semana de los amigos de los hijos, y la boda de los jóvenes es pagada totalmente por los padres. Un verdadero cuento de hadas de la clase media.

La dificultad para planear:
Un problema de casi todas las familias

Los problemas financieros familiares vienen de decisiones o elecciones equivocadas. Si ustedes enfrentan dificultades de esa naturaleza, la culpa no es de los intereses elevados de los bancos, pero sí de un estilo de vida demasiado alto para el salario de la familia. Si hoy deben es porque en el pasado hicieron alguna compra para la que no había dinero. Los errores financieros son verdaderas trampas. Caemos fácilmente en ellas por ingenuidad; después, vivimos una verdadera pesadilla que puede durar meses o años.

La mayoría de las veces, el presupuesto, el planeamiento financiero, el dinero o el control de gastos no son temas entre las pláticas de la pareja. Eso sucede con más frecuencia en las familias en que uno de los dos gana mucho más que el otro, o es el único en llevar dinero a casa. En esos casos, es común que quien reciba más controle el dinero y decida sobre el futuro. Es el primer paso para una relación llena de desconfianza, desacuerdos en la limitación de gastos y pérdida de control financiero. Establecer objetivos a largo plazo pasa a ser un problema, porque quien no participa de las finanzas no percibe cómo se alcanzan las metas gradualmente. Notará apenas el sacrificio en el momento del desembolso, como ocurrió con Sandra:

Denis y Sandra convivían hacía meses con recursos limitados. Cada vez que Sandra iba al supermercado, Denis le pedía que controlase los gastos, pues el presupuesto estaba apretado. Decía que la inflación se estaba tragando su salario. Tantas fueron las restricciones que Sandra pasó meses sin comprarse ni una pieza de ropa. La situación no era cómoda, pero Denis prometía que vendrían mejoras más adelante. Al final de año, la sorpresa: le regaló a su esposa un automóvil nuevo, asumiendo un financiamiento de doce meses y pagando una buena entrada. Sin embargo, el disgusto de Sandra durante aquel año había sido tan grande —inclusive renunció a la celebración de Navidad con la familia— que recibió el regalo con ira. Sandra no se conformaba con las prioridades establecidas por su marido. Obviamente, pasado algún tiempo se conformó con el regalo, pero nunca más volvería a colaborar con Denis limitando los gastos de la familia. Hoy, algunos años después, viven serias dificultades financieras.

Quien mal comienza, mal acaba. En general, las familias consiguen progresar conviviendo con la falta de planeamiento, pequeños pleitos diarios en relación al dinero y rápidos ajustes de presupuesto, y hasta eventuales aumentos en sus entradas de dinero. Cuando aumenta el salario, enseguida encuentran una forma de utilizar el dinero extra, sea adquiriendo bienes a crédito, sea cambiando de automóvil o comprando un terreno, un terreno o una casa de playa por medio de financiamiento.

En el estereotipo de una familia financieramente exitosa, el tamaño de la casa y del automóvil aumenta a lo largo de los años, los niños tienen los juguetes electrónicos de moda y reciben un automóvil al entrar a la facultad, la casa de campo o de playa de los papás se vuelve el destino de fin de semana de los amigos de los hijos, y la boda de los jóvenes es pagada totalmente por los padres. Un verdadero cuento de hadas de la clase media.

Todavía hoy, gran parte de las familias que conquistan esos sueños se olvidan de pensar en el futuro y tienen un destino bien parecido: la venta de bienes para pagar tratamientos de salud, jubilación con falta de dinero (lea *Depender de los hijos para sustentarse en la vejez*) y una caída significativa en su estilo de vida. Cuando los padres dejan algún tipo de herencia, esta dura pocos años —a veces solo meses— en las manos de los hijos. Los sueños construidos juntos y que tal vez hayan fortalecido una buena relación van, con el paso de los años, esfumándose uno a uno frente a la dura realidad de la falta de dinero. El sueño de la adquisición se transforma en la pesadilla de la pérdida. Se trata de un retrato triste, real y común a muchas parejas.

Este escenario podría ser un poco diferente con la adopción de un planeamiento financiero. Para poder ahorrar, las familias van a tardar unos meses más para comprar ciertos bienes. La escuela y la universidad se pagarían por lo ahorrado en una cuenta abierta exclusivamente con esa única finalidad, en vez de consumir gran parte de los salarios de los padres. La habitación y los vehículos serían de un estilo ligeramente inferior al que su salario permite, pero tendrían una garantía para el resto de su vida, junto con un ahorro importante en el banco.

• ¿Por qué casi todos se equivocan?

¿Es tan difícil aprender a hacer un planeamiento financiero? La verdad, no. El planeamiento financiero familiar —que también llamo plan de independencia financiera— no requiere cálculos complejos ni gran habilidad con números o calculadoras. Buena parte de las herramientas necesarias para el planeamiento se pueden obtener sin costo y están listas para ser usadas en casa.[1] Seguramente, aquellos sin aptitud ni afinidad con los números sentirán mayores dificultades, pero les aseguro que será solo al principio. Trazar un plan con objetivos claros, seguirlo y ver cómo las metas se van alcanzando es algo muy placentero. Muchos obstáculos a corto plazo son irrelevantes cuando se persiguen objetivos mayores a largo plazo.

Pero, si mantener un plan de independencia financiera no es algo tan difícil, ¿por qué gran parte de las personas fallan al tratar de poner en práctica esta regla?

---

1. A lo largo del texto, habrá tablas de cálculo y ejemplos bastante útiles.

En primer lugar, hay que considerar la tendencia de cada individuo a colocar su vida personal en segundo plano, en razón a las exigencias profesionales. Lo mismo sucede con la alimentación, con el sueño, con la práctica de ejercicios y con el amor; por lo tanto, no tiene por qué ser diferente con la planeación de un presupuesto. Todos saben que esas son necesidades fundamentales para la felicidad y la calidad de vida, no obstante la mayoría de las personas no consiguen romper los bloqueos que las llevan a un envejecimiento precoz. Se trata de una simple cuestión de objetivos, prioridades y buena voluntad.

En segundo lugar, se debe tener en cuenta que la rutina burocrática de control de gastos y trazo de estrategias no es tan placentera como comer, dormir, hacer ejercicio o disfrutar de relaciones sexuales. Nunca los convenceré, lectores, de que el planeamiento financiero puede ser tan emocionante o agradable como las actividades aquí citadas. Pero el hábito de establecer objetivos, trazar planes para llevarlos a cabo y colocarlos en práctica puede ser sí, muy emocionante, sobre todo cuando los proyectos son concebidos a cuatro manos y tienen como meta grandes conquistas. Un ejemplo: La posibilidad de obtener en algunos años una renta estable y ya no depender de un salario para mantener a la familia.

Finalmente, la tercera razón que dificulta establecer un plan de independencia financiera es la seducción del dinero. Es posible aprender medios para relacionarse mejor con el dinero; lo difícil es resistir las tentaciones que él nos ofrece. Si sus objetivos de vida no están claramente establecidos, va a ser muy difícil renunciar a la posibilidad de adquirir un ítem de consumo —ropas de marca, automóvil del año, nuevas tecnologías, electrodomésticos, entre otros— si tienen el dinero disponible por lo menos para dar una entrada. Aun para aquellos que están convencidos de la importancia de formar una reserva financiera, llega un momento en que el tamaño del ahorro puede crear una sensación de incomodidad: ¿Cómo se siente una familia que gana $1,000.00 por mes y consigue tener un ahorro de $30,000.00? Seguramente se siente mejor que aquellas que no consiguieron nunca ahorrar nada. Pero, si los objetivos del ahorro no se establecieron con claridad, una cantidad tan superior al salario será una verdadera tentación, que difícilmente se podrá esquivar a lo largo de los años. La tendencia, desafortunadamente, es gastar ese dinero.

• Los beneficios del planeamiento financiero a largo plazo

El planeamiento financiero tiene un objetivo mucho mayor que simplemente salir de los números rojos. Más importante que conquistar un estilo de vida es mantenerlo, y es para eso que debemos planear. Los mejores beneficios de esa actitud sobresaldrán algunos años después, cuando la familia esté disfrutando la tranquilidad de poder garantizar la universidad de los hijos o la vivienda del estilo deseado, por ejemplo.

Es importante recordar que no existe un propósito en guardar dinero solo por guardarlo. El dinero guardado no dará una sensación mayor de seguridad si ustedes no saben definir qué es y cuánto cuesta la seguridad. El dinero no va a darles placer si ustedes no aprenden a sacar placer de cada momento de su vida. El dinero no va a darles felicidad si ustedes no saben lo que es la felicidad. El gran bien que el dinero les puede dar es permitirles mantener aquello que conquistaron. Perder lo que conquistamos durante la vida significa perder esa vida poco a poco, de la peor manera.

Muchos no acumulan reservas financieras porque creen que la única manera de dejar algo para los hijos es construyendo un patrimonio físico, con inmuebles y cosas de valor. Pero pocas son las personas que, al recibir una herencia en bienes, consiguen construir una riqueza a partir de éstos, multiplicando su valor. En general, el destino del bien heredado es su venta a un precio inferior al del mercado. Gran parte de las oportunidades del mercado inmobiliario aparecen cuando herederos con problemas financieros buscan corredores para evaluar sus inmuebles.

Por eso, recuerde que el futuro de ustedes y de sus hijos es consecuencia no solo de las decisiones de hoy, sino también de lo que gastan día a día.

En la segunda parte propongo formas de manejar el dinero respetando los objetivos y las necesidades de cada uno. Antes, hagan esta autoevaluación, que les ayudará bastante a entender las limitaciones para trabajar y las cualidades que deben explotar en el camino hacia la prosperidad.

• Test: Evalúen su capacidad de pareja para adquirir riquezas

Muchas familias no enriquecen simplemente porque las ideas de la pareja sobre el dinero no convergen o convergen de una manera equivocada. Vean si están en el camino correcto para juntos construir riquezas. Marquen o anoten en una hoja de papel la respuesta que mejor se aplique a los hábitos de la pareja en relación al planeamiento financiero.

---

1. En relación al salario de cada uno:

a. Uno no sabe cuánto gana el otro.

b. Uno no tiene ni idea de cuánto gana el otro, pero no hay necesidad de discutir ese asunto.

c. Los dos saben exactamente cuánto gana cada uno (aun cuando solo uno perciba salario).

2. ¿Cómo administran los salarios de la pareja?

a. Cada uno paga sus cuentas, los gastos conjuntos son divididos en partes iguales y las inversiones son separadas.

b. Los dos mantienen cuentas corrientes e inversiones separadas, pero el pago de las cuentas de la pareja es decidido en común acuerdo.

c. Se suman los dos salarios, las cuentas se pagan de la suma total e invierten juntos.

3. ¿Cómo deciden las compras y los gastos en su casa?

a. Cada uno es responsable por determinada compra o gasto y usa el sentido común en relación a la cantidad.

b. Aun cuando las compras son hechas por separado, siempre hay alguna plática sobre cuánto gastar y la disponibilidad de saldo y límites.

c. Hay previsiones de cantidad para cada tipo de gasto al mes, ambos comparten los gastos y discuten ajustes cuando no es posible mantenerlos.

4. En relación al presupuesto doméstico:

a. Ustedes no realizan ningún control mensual de gastos.

b. Uno de ustedes hace un control periódico, pero raramente conversan al respecto.

c. Ambos discuten el presupuesto doméstico al menos cada dos meses.

5. En relación al futuro:

a. Ustedes mal consiguen controlar el presente, por lo tanto no están en condiciones de preocuparse con el futuro.

b. Ahorran o contribuyen mensualmente para un plan de retiro, menos de lo que les gustaría o solo para garantizar alguna cosa en la vejez.

c. Invierten con regularidad o contribuyen para un plan que seguramente les garantizará el sustento en la vejez.

6. Si hoy apareciese un gasto inesperado igual a dos veces su salario mensual, ¿qué harían?

a. Recurrirían a préstamos.

b. Utilizarían recursos, consumiendo más de 20% de sus reservas.

c. Tienen una reserva específica para contingencias y nuevos gastos, o utilizarían menos de 20% de las reservas.

7. ¿Cómo planean sus vacaciones?

a. Trabajan en vacaciones para pagar sus cuentas.

b. Toman vacaciones de acuerdo con el dinero que sobra en la cuenta o utilizan recursos invertidos sin finalidad específica.

c. Planean las vacaciones con anticipación, aplicando recursos durante algunos meses específicamente para ese fin.

8. En relación a los gastos de ambos, ustedes:

   a. No se preocupan con los recibos, las anotaciones en el talón de cheques o por archivar los comprobantes.

   b. Solo uno de los dos guarda recibos, ya que al otro no le interesa ni consigue hacerlo.

   c. Controlan todos los gastos y conversan frecuente y francamente sobre ellos.

9. En relación a las inversiones de la pareja:

   a. Cada uno invierte su dinero o solo uno de los dos invierte y el otro no entiende el asunto o no está bien enterado.

   b. Las inversiones son sumadas en una única cuenta, ambos conocen el total de la inversión, pero solo uno de los dos escoge dónde invertir.

   c. Ambos discuten francamente las alternativas de inversiones posibles y conocen saldos y objetivos de las diferentes aplicaciones.

10. ¿Cómo mantienen sus controles financieros?

   a. Todo lo que ya se gastó deja de importar; se tiran los comprobantes.

   b. Comprobantes, notas fiscales, talonarios de cheques y cuentas son guardados en el mismo lugar, sin organizarlos mucho.

   c. Los pagos son archivados por tipo de gasto, solo por el período que la ley exige. Los comprobantes innecesarios y los talonarios de cheque son tirados cuanto antes.

PUNTUACIÓN

Déle el siguiente valor a cada respuesta:

   a. 1 punto;

   b. 2 puntos;

   c. 3 puntos.

RESULTADOS DEL TEST

10 a 15 puntos: Ustedes todavía están tropezando entre sí. El dinero continúa siendo un tabú entre ustedes, pues probablemente cada uno tiene una visión diferente acerca de los objetivos y los límites en los gastos. Tarde o temprano, los conflictos sobre dinero van a ocasionar problemas en su relación, si no es que ya los tienen. Es hora de sentarse juntos, conversar un poco sobre lo que están haciendo con el dinero y sobre aquello que tienen dudas. Discutan lo que es necesario hacer para tener un presupuesto más eficaz, y piensen en traducir en finanzas lo que esperan de la relación: una unión sólida.

16 a 25 puntos: Mucho de lo que necesitan para el éxito financiero ya fue puesto en práctica. Probablemente, uno empuje al otro en relación a los objetivos y a las necesidades financieras hasta alcanzarlos. Seguramente, pueden mejorar la eficacia del uso del dinero estudiando un poco más las alternativas de lo que disponen, sea para invertir, sea para adquirir bienes.

26 a 30 puntos: Ustedes van a todo vapor rumbo al enriquecimiento. ¡Felicitaciones! Esa sintonía en relación al dinero probablemente se traduzca en las actividades diarias de su relación, por lo que deben tener mucho menos problemas que las parejas de amigos. ¡Compartan sus conocimientos y sus hábitos con parejas de amigos!

Parte 2

Hagan planes a lo largo de la vida

Capítulo 3

Las finanzas del noviazgo y del compromiso

Las finanzas del noviazgo y del compromiso

Para buena parte de las personas, la etapa del noviazgo coincide con un momento de grandes elecciones que definitivamente definirán el resto de sus vidas. Las más importantes son *qué estudiar* y *en qué trabajar*. Son opciones difíciles, muchas veces simultáneas y tomadas en un período en que todavía no estamos lo suficientemente maduros. Por eso, no es raro que elijamos equivocadamente, dando lugar a profesionales frustrados. Si en esa etapa tan complicada, todavía nos toca elegir a la persona con la que vamos a compartir para siempre los buenos y los malos momentos de la vida, el riesgo de forjar una relación infeliz también será mucho mayor.

Por eso existe el noviazgo, para conocer a la persona amada. Es por eso que la gente hace servicio social antes de elegir una profesión, por eso existen los programas de *adiestramiento*, los servicios sociales: para conocer la profesión. ¿No funcionó? Perfecto, todavía hay tiempo para cambiar de profesión. Costará mucho dinero y sufrimiento cambiar después, cuando las cosas estén más consolidadas. Eso es válido tanto para la profesión como para las relaciones.

¿Por qué estoy discutiendo estos asuntos en un libro de finanzas? Simple, porque con el dinero no es diferente. En la misma época en que tal vez elijamos incorrectamente, también decidamos la forma en que vamos a manejar el dinero. Cuando comenzamos a recibir un salario, se abre un horizonte de oportunidades y diversiones. Nos volvemos más independientes, tenemos mayor poder para aprovechar las oportunidades. Al final, ¡el dinero es nuestro! Sobre todo porque, cuando somos solteros, vivimos con los padres, en general con casa y comida seguras, y no tenemos compromisos regulares que pagar con nuestro dinero.

Ese período constituye una gran oportunidad para aprender a forjar la independencia financiera. Si comenzamos a vivir más allá de lo que tenemos y gastamos más de lo que podemos, va a faltarnos dinero en el futuro. Si no tenemos un plan de emergencia, tal vez tengamos que declararnos en quiebra. Pero si tenemos una reserva suficiente, el dinero jamás será una preocupación en nuestra vida.

Mi sugerencia sincera es que aprovechen ese momento de total libertad para elegir en relación al dinero con el fin de:

1. Aprender a organizar sus finanzas, gastando un poco menos de lo que ganan, invirtiendo la diferencia y construyendo un proyecto a largo plazo hasta alcanzar un determinado ahorro.

2. Comenzar a invertir en acciones, estudiando bien el asunto, lo que puede generar un crecimiento rápido de sus ahorros. A lo largo de los años, su aversión al riesgo aumentará; entonces aprovechen la buena fase para acumular. ¿Por qué es esta la buena fase? Porque sus costos esenciales son cubiertos por sus padres, el dinero invertido no será fundamental para garantizar su futuro. En otras palabras, porque los jóvenes aceptan correr más riesgos, son más atrevidos y, por tanto, crean grandes oportunidades de ganancia. Acostumbro decir que solo entiende de acciones quien ya perdió mucho dinero con ellas. Para no tener que aprender de la peor forma, es mejor comenzar desde joven utilizando simuladores con dinero virtual en Internet, que por lo general ofrecen algunos agentes de la bolsa en sus sitios web.

Si ustedes inician su vida independiente de una forma organizada, tendrán un camino tranquilo a seguir en dirección a la riqueza. Y cuando comiencen a compartir su intimidad con otra persona, será mucho más fácil tratar el asunto del dinero si ya tienen un plan, con metas trazadas y estrategias establecidas. En una relación de dos, es difícil discutir sobre inversiones de riesgo, como acciones y moneda extranjera, pues cada cabeza tiene un nivel diferente de aversión al riesgo. No obstante, con un poco de estudio sobre el asunto descubrirán que, con planeamiento financiero a largo plazo, es posible neutralizar gran parte del riesgo diversificando las inversiones. Cuando se aborda después del matrimonio, este tipo de estrategia con el cónyuge, va a ser mucho más fácil hablar de ella utilizando un plan listo, de preferencia presentándolo como un ejemplo de resultados obtenidos en el pasado.

Todavía mejor: comenzando temprano, ustedes pueden disfrutar de sus ahorros antes. Digamos que tienen como objetivo financiero alcanzar una entrada de $10,000.00 al mes para mantener a la familia. Es una entrada razonable que asegura un retiro seguro y confortable. Sin embargo, ustedes pueden garantizar esa entrada inclusive después de jubilarse si eligen, por ejemplo, uno de los siguientes caminos:

- Invertir $720.00 al mes a interés líquido[2] de 0.6% al mes durante cuarenta años.
- Invertir $3,747.00 al mes a interés líquido de 0.6% al mes durante veinte años.
- Invertir $85.00 al mes a interés líquido de 1% al mes durante cuarenta años —sí, ¡$85.00!
- Invertir $1,011.00 al mes a interés líquido de 1% al mes durante veinte años.

....
2. Interés líquido es aquel obtenido después de descontar la inflación y el impuesto a la renta.

Una entrada de $10,000.00 al mes (actualizada por la inflación) será proporcionada por el rendimiento del ahorro obtenido después del plazo expuesto arriba. Fíjense que los intereses obtenidos hacen una gran diferencia. Hoy en día, las inversiones tradicionales (fondos y títulos de gobierno) rinden cerca de 0.6% al mes líquido. Para conseguir mejores rendimientos, el inversionista tiene que recurrir a activos de riesgo, como acciones. En algunos meses ustedes percibirán que obtener algo en torno a 1% al mes en el mercado de acciones requiere estrategias simples: basta adquirir cierta experiencia, estar al tanto de las noticias y confiar en las empresas más sólidas. Siguiendo una estrategia y manteniéndose informados, ustedes podrán jubilarse con un salario superior al que ganan ahora en menos tiempo del que se imaginan.

- *¿Es señal de amor comprar regalos caros y pagar las cuentas?*

Toda relación comienza en el noviazgo. Enamorarse es conquistar; conquistar es sorprender; sorprender es ser diferente. Una manera de ser diferente es gastar dinero de forma inesperada. El gran cambio que ocurre con el noviazgo es que nuestra tendencia a gastar cambia de objetivo. Pasamos a usar nuestro dinero para conquistar, comprando regalos que sorprendan y agraden a la persona amada. La consecuencia de ese comportamiento es que muchos enamorados pierden la fantástica oportunidad de enriquecerse en una etapa muy propicia para eso, cuando el salario todavía no está comprometido con los enormes costos fijos de mantener un hogar y una familia.

¿Es un error buscar agradar a la persona amada con regalos originales y caros? No pretendo decir lo que es correcto o equivocado en el complejo juego del amor, pero debo recordar que conquistar es sorprender, y sorprender es ser *diferente*. Diferente no es sinónimo de caro, pero sí de *original*. ¿Quieren mostrar amor? ¡Sean creativos! Pierdan algunas horas de sueño ideando un regalo original o hagan su propio regalo. Un bello ramo de rosas es garantía de ser muy bien recibido, pero puede costar un fin de semana de diversión; una única rosa de un rosal cultivado durante meses en el propio jardín puede dar una satisfacción mucho mayor…

¿Deben los muchachos pagar la cuenta siempre? ¿Deben las muchachas exigírselo al novio? ¿Y al contrario? Otro comportamiento típico del noviazgo, fruto de una sociedad todavía predominantemente machista, es la gentileza del hombre de pagar la cuenta. ¿Es deber del hombre pagarla? Aquí entra el sentido común y un diálogo, tal vez con una pizca de sensibilidad. Antes, los hombres siempre pagaban la cuenta porque las mujeres no trabajaban, por lo tanto no tenían salario. Hoy, es probable que, en muchos casos, la mujer tenga un salario superior al del hombre.

La sociedad cambió, pero el hecho de que el hombre pague la cuenta en un restaurante todavía puede considerarse una gentileza. Sin embargo, no siempre esa es la mejor postura. Pagar siempre puede generar una sensación de intimidación, algo como: «Pago porque tengo más recursos que tú». Nadie lo dice, claro, pero estamos hablando de una nueva sociedad con igualdad de derechos, deberes y poder entre los sexos. Por otro lado, no ofrecerse a pagar por lo menos una parte, genera la sensación de falta de compromiso: «Si tienes un salario, ¿por qué yo pago todo?»

El mejor camino para evitar problemas es ponerse de acuerdo antes. ¿Van a salir? ¿Ambos tienen dinero? ¿Van a dividir la cuenta o esta vez paga uno y la próxima el otro? Propongan reglas antes de recibir la cuenta o incluso antes de salir. Y, cuando se trata de dinero es mucho más elegante que la propuesta de «dividir la cuenta» venga de la parte supuestamente pasiva en esa situación. Si la sociedad todavía cree que el hombre debe pagar los gastos, es elegante que parta de la mujer la propuesta de dividir la cuenta o de pagarla en esa ocasión, que ya él pagará la próxima vez. Ese será el primer paso para que en una relación las conversaciones sobre dinero sean siempre naturales.

• Sugerencias para regalarle a su amor sin gastar mucho

La elección de un regalo es algo muy personal. Con certeza, la fórmula para acertar con el regalo perfecto es fijarse en lo que dice la persona amada. Independientemente del regalo que dé o reciba, valen algunas reglas de oro para hacer que rinda más el dinero.

Ahorrar para regalar. ¿No hay cómo escapar de un regalo caro? A veces, la única sugerencia del regalo que el otro desea rebasa completamente el presupuesto del mes. Si la creatividad no está en su apogeo, y no hay como escapar del lujo, tengan como regla fundamental huir de los financiamientos, que cargan intereses altísimos. Tengan reservas, ahorren para pagar al contado. El dinero invertido vale más que aquel que ustedes guardan en casa, los intereses lo hacen aumentar. El dinero financiado vale menos que aquel que ustedes pagan, los intereses se roban una parte. No existe el «a diez meses sin intereses». Si el vendedor se niega a dar un descuento pagando al contado, visite a un competidor y negocie. Siempre habrá una alternativa más barata que cualquier falsa oferta a plazos sin intereses, pues los intereses estarán dentro de alguna forma.

Huyan de las trampas comerciales. De las cuatro fechas especiales para dar regalos —el día de los enamorados, la Navidad, los cumpleaños y el aniversario de novios—, las dos primeras son una pesadilla para cualquier presupuesto. Ambas son verdaderas trampas para un bolsillo incauto. Todos van de compras y, por esa razón, ¡los precios suben significativamente! ¡Quien debe recibir el regalo no es el comerciante! ¡Huyan de los precios altos! Conmemoren el día de los enamorados la víspera. Compren sus regalos por lo menos cuarenta y cinco días antes. Eviten restaurantes, y lugares especiales en esas ocasiones, que los precios llegan a duplicarse en relación a los de la víspera o del día siguiente.

Planeen los viajes en pareja. Un gran contraste entre la época de soltero y la de un noviazgo maduro está en los gastos con viajes de placer. Los solteros salen en las noches y están satisfechos con una hamburguesa.

Los novios salen *a cenar*. Los solteros viajan y solo les importa descansar, a veces ni se acuerdan qué comieron ni dónde durmieron. Los novios viajan buscando una posadita y restaurantes con algún encanto. Puede parecer un estereotipo, pero esa es la regla. Aun cuando mantengan los hábitos de antes de hacerse novios, los gastos del noviazgo pueden ser un poco más elevados. ¿Hay que dejar de hacer lo que les gusta? Obviamente no, pero es muy probable que la frecuencia de las salidas deba disminuir a cambio de la calidad. En ese caso, la regla es planear: investigar precios, juntar dinero durante algunas semanas y entonces sí, ¡a disfrutar!

• La primera gran crisis de la relación

Para muchas parejas, el noviazgo es como un cuento de hadas, una eterna preparación para la luna de miel, incluso cuando aún no entre en los planes. El estar juntos está restringido a pocos días de la semana, el hecho de encontrarse siempre en un clima de paseo y diversión, y la ausencia de rutina crean la impresión de que estar en los brazos de la persona amada es el mundo de sus sueños.

Por esa razón, para muchas personas, la decisión de casarse acaba convirtiéndose en un drama. Salen de escena los momentos de diversión, tiempo exclusivo de los dos, los regalos románticos y el presupuesto de fin de semana. Entran en escena la rutina del hogar, la convivencia con los parientes (incluyendo a los suegros), los gastos de vivienda y el presupuesto apretado para el mes. El drama comienza cuando la pareja piensa cuánto va a costar la vida juntos y en las responsabilidades asumidas. Como casi la totalidad de las personas no se preocupan por prepararse para eso antes de hablar de matrimonio, los cambios se reciben como un baño de agua heladísima.

El escenario de la primera crisis de todos los matrimonios está preestablecido: sucede antes de la boda. «De pronto se dan cuenta de todo». Los hombres entran en pánico, tratan de ganar un tiempo antes de decidir, pues se dan cuenta del tamaño y el precio de la responsabilidad. Las mujeres se desesperan, pues entienden que ellos no estaban tomando en serio el noviazgo. Muchas relaciones terminan en ese momento.

Parte de esa crisis es financiera, otra parte, responsabilidad personal. Sí; los hombres enloquecen al darse cuenta de la gran responsabilidad que se les viene encima, fruto todavía de la sociedad machista y de la falta de capacidad para compartir problemas. Una forma muy simple de suavizar ese paso del mundo de los sueños al de las responsabilidades es pasar a dividir sus proyectos aun antes de hablar de matrimonio. Compartan sueños y metas en la vida. Compartan sus miedos y angustias. Comiencen a elaborar juntos planes de independencia financiera, simulando los costos mensuales que tendrían en el futuro, si se casaran.

Muchas personas que conozco, felices en el matrimonio, tuvieron una transición suave entre la vida de solteros y la de casados. Poco a poco fueron descubriendo hábitos, después proyectos, después conviviendo mayor cantidad de tiempo y con las respectivas familias, uniendo sus cuentas corrientes o inversiones… Casarse fue prácticamente formalizar la vida en pareja que ya llevaban, una transición en que ambos no tuvieron sorpresas.

• Economicen para establecer la casa

Quiero contarles un poco acerca de mi intimidad: mi primera lección de planeamiento financiero familiar. Antes de pensar en el matrimonio, no tenía planes de enriquecimiento. Nunca fui despilfarrador, ahorraba parte de mi escaso salario obtenido en un servicio social y como profesor de inglés. Pero era un ahorro sin metas a largo plazo, mi objetivo era apenas ir guardando. El dinero ahorrado tuvo altas y bajas, pues aprovechaba el hecho de estar haciendo mi servicio en un banco para obtener consejos e invertir en acciones, pero lo hacía sin los conocimientos esenciales sobre el asunto.

Cuando Adriana y yo comenzamos a hablar sobre matrimonio, mis ahorros no llegaban ni al valor de la mitad de un automóvil económico. ¡Y los de ella eran aun menores! Pero comenzamos a soñar con nuestra boda, una fiesta con muchos amigos y parientes, cena, música, detalles que insistíamos en tener. Concretar ese sueño fue uno de los momentos más felices de nuestra vida. Hicimos una planilla que incluía todo, inclusive los gastos con el apartamento —alquiler, reforma, muebles y decoración— y la luna de miel. Cuando fuimos a investigar precios y condiciones, nos desanimamos como todas las parejas en esa etapa. ¡El precio de todo aquello era absurdamente alto e incompatible con nuestros salarios! Tendríamos que guardar casi todo el dinero que ganábamos al mes durante por lo menos dos años para financiar el inicio de nuestra vida de casados.

En ese momento, tomamos la decisión que no solo fue la más correcta, sino que también me incentivó a desarrollar todo un trabajo a partir de entonces, pasando a orientar a las personas a hacer lo mismo que nosotros. Elaboramos un plan para pagar todo. De acuerdo a dicho plan, tendríamos que ahorrar 75% de nuestro salario conjunto, durante 24 meses, y aún contar con seis meses más de salario para pagar algunas prestaciones que se acumularían después de la luna de miel, ya que el dinero no sería suficiente para financiar todo en el plazo que deseábamos. Tuvimos que ejercitar paciencia —esperar un poco más de lo que quisimos— y sacrificio, dejar de gastar nuestro dinero y economizar al máximo.

No hicimos lo mismo que mucha gente. Algunos resuelven casarse cuanto antes, pues «si no lo hacemos ahora no lo haremos nunca». Comienzan una vida juntos llena de problemas y deudas. Muchos matrimonios acaban así, pues el sacrificio, que antes se evitó, se tiene que hacer en el mejor momento de la vida de pareja. Otros resuelven simplemente posponer, sin establecer una meta: «No tenemos dinero y no podemos por ahora». Y no lo van a tener nunca, si no ponen algún plan en práctica.

Mi plan con Adriana funcionó tan bien que, en ese período de dos años entre la decisión y el matrimonio, sentimos que el mundo percibía nuestra alegría. Trabajamos arduamente determinados y economizamos con garra, pues el objetivo estaba ahí, cerca. Era un sacrificio, pero perfectamente aceptable, pues tenía una fecha final. Toda esa disposición se reflejó en la calidad de nuestro trabajo: avanzamos en nuestras carreras y nuestro salario aumentó. El día de nuestra boda, habíamos acumulado más de lo que pensábamos. Nos casamos con las cuentas saldadas (sin los pagos que habíamos previsto), el apartamento montado y pagando una luna de miel mucho más ambiciosa que la que habíamos imaginado.

Funcionó tan bien que la primera cosa que hicimos al iniciar la vida en nuestro nuevo hogar fue esbozar nuestra planilla de presupuesto doméstico, con metas de ahorro e independencia financiera, igual al planeamiento que explicaré en el próximo capítulo.

• *Construyan el nido*

El momento de elegir dónde vivir es decisivo para el éxito financiero de la pareja. La diferencia entre una buena o mala elección puede resultar entre un futuro millonario o un total desastre financiero. Eso sucede porque nuestro estilo de vida es *elegido* cuando definimos dónde vivir. Con la vivienda, vienen hábitos de consumo, electrodomésticos, gastos de transporte (en función de la proximidad al trabajo), gastos o economías con instalaciones (como garaje, jardín o patio de juegos para los niños), impuestos y condición del vecindario; precios diferenciados en la panadería, en el mercado del vecindario, y en el supermercado, por ejemplo.

Escoger vivir de acuerdo a un estilo de vida superior a lo que pueden pagar impedirá el ahorro y aumentará el riesgo de gastar dinero con intereses, en los períodos en que la cuenta familiar entre en números rojos. En otras palabras, las **dificultades financieras son elecciones personales: Ustedes deciden al pasar por alto la importancia de un planeamiento financiero.**

Con excepción de los pocos dichosos a los que sus padres les regalan una casa, existen básicamente tres opciones para definir dónde van a vivir: comprar, alquilar o construir la casa propia.

El consejo tradicional de la familia dice que comprar un inmueble es mejor que alquilar. Cuidado, ese era un gran consejo en la época en que las tasas de inflación eran elevadas y el mercado financiero no ofrecía alternativas de inversión que acompañaran la inflación. Comprar tal vez no sea un buen negocio si la casa está localizada en una zona en decadencia o si su crédito no le garantiza primas de interés bajo. Es necesario pensar dos veces y hacer las cuentas si van a tener que financiar el valor del inmueble durante un plazo muy largo. Pospongan la compra y esperen a tener un fondo mayor, si fuera el caso.

Piensen de la siguiente forma: si recibieran ahora de herencia una casa valuada en $100,000.00, ¿cuál sería la mejor opción: venderla o alquilarla a terceros?

Opción 1: Si venden la casa y aplican esa cantidad a un buen fondo de renta fija, a intereses líquidos (después de impuestos) de 0,8% al mes,[3] recibirán $800.00 al mes.

Opción 2: Si optan por quedarse con la casa y alquilarla, apenas recibirán más del 0.6% del valor del inmueble, esto es, $600.00 al mes, sin contar el impuesto de la renta y los riesgos: no recibir el alquiler o tener que pagar los gastos de manutención (o gastos comunes, en el caso de un condominio) en el período en que el inmueble esté vacío.

La opción 1 es claramente mejor, sobre todo si consideramos que existen alternativas más rentables de inversión y que no siempre se consigue alquilar un inmueble a precio de mercado. Esa situación solamente se invierte cuando la región presenta gran potencial de valorización inmobiliaria. En las grandes ciudades, sin embargo, eso es cada vez más raro.

---

3. Aquí, no paso por alto la inflación, ya que el valor de la renta mensual también será corregido por la inflación periódicamente.

El razonamiento que debe utilizarse en la adquisición de un inmueble es el de la otra parte de la negociación. Si alquilar es un pésimo negocio para los propietarios, es un negocio perfecto para los inquilinos. Entre comprar una casa al contado y alquilar otra del mismo valor, es mejor alquilar. En vez de desembolsar $100,000.00, apliquen ese valor y paguen —y sobrará dinero— un alquiler de $600.00, ya que una renta mensual con intereses estará alrededor de los $800.00.

¿Y si no tienen los $100,000.00 para comprar al contado? ¿Vale la pena entrar en un financiamiento? Vean el ejemplo que desarrollé en el libro *Dinero: Los secretos de quien lo tiene:*

* Para adquirir un inmueble cuyo precio al contado es de $100,000.00 será necesario pagar una prestación media de $1,101.09 si eligen un financiamiento de veinte años con intereses mensuales de 1% más inflación.[4]

* Si en vez de entrar en un financiamiento, eligen alquilar un inmueble de estilo idéntico (con el mismo precio de venta), pagarán $800.00 por mes, en la peor de las hipótesis.

* Si se toman el cuidado de ahorrar la diferencia de $301.09[5] durante veinte años, a interés líquido de 0.6% al mes (después de tasas de impuestos e inflación), acumularán en ese período el equivalente a, en cantidades de hoy, $160,710.50.

* Si, después de veinte años de ahorro, dejaran de ahorrar los $301.09 cada mes y dejaran al dinero acumularse rindiendo un interés líquido de 0.6% al mes, tendrán una renta mensual para el resto de sus vidas de $964.26, dinero más que suficiente para siempre alquilar un inmueble nuevo de $100,000.00 y continuar dejando crecer el patrimonio. Sin contar que, después de veinte años, el inmueble comprado ya estaría bastante depreciado.

---

4. Todas las cantidades citadas continúan válidas en el futuro, pues siempre estamos considerando el efecto de la inflación tanto en el financiamiento como en la inversión.

5. Corrigiendo ese valor con la inflación, como ocurriría en un financiamiento.

Estas reglas son universales y serán válidas mientras perduren los intereses elevados para aquellos cuya evaluación de crédito no tiene puntaje alto. Ustedes deben estarse preguntando por qué, entonces, parientes y amigos no hacen eso. La razón es simple: falta la disciplina del ahorro cuando se elige una situación financieramente más ventajosa.

Harán mucho mejor negocio las parejas que, en lugar de pagar la vivienda ya construida, tengan la oportunidad de construir su propia casa. La economía puede ser alrededor de 40%, siempre que la obra sea bien administrada. Es cuestión de elegir, pues es necesario tener tiempo y paciencia para planear, estudiar precios de material y supervisar permanentemente el trabajo de los obreros. Si no tienen tiempo y paciencia en abundancia, lo barato puede salir mucho más caro.

• Inviertan en la economía doméstica

Según estadísticas del Brasil, la familia promedio brasileña (y probablemente la familia latinoamericana) gasta cerca de 24% de su salario en habitación y más de 6% en servicios públicos (agua, luz y teléfono). ¡Casi una tercera parte del salario familiar!

Por eso es importante que al comprar electrodomésticos, no se olviden de verificar el consumo mensual de energía de cada aparato, que varía mucho dentro de la misma categoría de electrodomésticos.

Cuidado con elegir basados en el menor precio. Los equipos más baratos, en general, consumen mucha más energía. La diferencia en el precio de compra de un refrigerador o congelador, por ejemplo, se puede recuperar en pocos meses si se compra equipo con un consumo más bajo de energía.

Otra sugerencia para antes de la mudanza es la sustitución de aparatos o calefacción eléctrica —grandes villanos en el consumo de energía— por calentadores de gas. En regiones de menor incidencia de lluvia, los calentadores solares son también una excelente inversión. A largo plazo, es la economía segura, principalmente si la familia va a aumentar.

Cuidado también al elegir la localización de la casa o apartamento. En situaciones en que hay varias unidades, como en los condominios, la opción por aquellos con precio un poco más bajo puede resultar en elevados gastos en cuanto al uso de calefacción o equipos de aire acondicionado, debido a la localización desfavorable del inmueble.

Capítulo 4

Las finanzas de los recién casados

Las finanzas de los recién casados

• *Vida juntos: Hasta qué punto hay que juntar todo*

Un matrimonio solamente funciona cuando su verdadero sentido es el de la unión. En todo matrimonio se deben respetar las cosas que son peculiares a cada uno de los cónyuges. La práctica muestra que, en realidad, estas cosas son *toleradas*, y hay una expectativa recíproca de que, a lo largo de la relación, cada uno acabe cediendo un poco de su individualidad y las afinidades se refuercen. Si eso no sucede, los conflictos seguramente surgirán.

Lo mismo ocurre con las finanzas de la relación. Serán saludables si se practican en unión, administrando el salario familiar en conjunto. Con el matrimonio, pasan a tener dos salarios, dos cabezas pensando, dos maneras diferentes de manejar el dinero. Imaginen la dificultad si cada uno tuviese sus propios objetivos financieros, trabajase con un presupuesto diferente y decidiese cómo invertir su dinero por separado. **Los planes comunes jamás serán forjados de forma eficiente si en la relación todo se hace por separado. ¡Se pierde en eficiencia, en organización y en resultados!**

Si ambos ya tenían un planeamiento financiero individual antes de la unión, la transición hacia el planeamiento conjunto debe tener en cuenta los siguientes pasos:

- Tienen que definir cuál de los dos presupuestos es más organizado y práctico para llevar las cuentas de los dos, y adoptar ese modelo de plan.

- Del modelo que se va a descartar, deben verificar qué informaciones pueden aprovecharse y agregarlas al plan común, sumando entonces todos los gastos en una única planilla de presupuesto doméstico.

- Las cuentas bancarias se deben agrupar poco a poco, para que tengan tiempo de organizarse en la nueva situación. Recuerden que muchos cambios simultáneos generan muchos documentos y contratos nuevos. Primero hagan la documentación de la cuenta conjunta, preferentemente sumando una de las dos a la otra cuenta existente, para no perder el historial de la relación con el banco. Solo entonces, agrupen las inversiones y después incorporen los registros del débito automático de cuentas. Transfieran el dinero del salario a la nueva cuenta y, solamente después de que certifiquen que todo está funcionando como se ha previsto, cierren la cuenta corriente que será descartada.

- Preferentemente, las tarjetas de crédito también deben ser unificadas, para que puedan pagar una mensualidad menor y aprovechar mejor los programas de millas y ventajas ofrecidos. Cancelen la tarjeta cuyo historial de gastos sea menos relevante.

Las cuentas bancarias separadas: Son válidas en el caso en que ambos trabajen y se vean obligados a recibir su dinero de bancos diferentes. Más o menos las inversiones tienen que concentrarse, pues los fondos de inversión más rentables solo están disponibles para clientes con cantidades más altas para invertir. Además de eso, al mantener cuentas separadas se paga el doble en tarifas bancarias.

Es razonable abrir más de una cuenta corriente cuando la seguridad es una preocupación. Con el elevado número de secuestros relámpago en las grandes ciudades, se ha hecho hábito común en las familias mantener dos cuentas corrientes en el mismo banco. En una guardan todas las inversiones y recursos no usados a diario. En la otra, solo lo suficiente para lo que se compra todos los días, o para «resolver» posibles abordajes criminales. La tarjeta de la cuenta principal nunca debe salir de casa. Negocien con el gerente la exención de la tarifa de la segunda cuenta, en base al buen uso de la cuenta principal.

Algunas parejas justifican la manutención de cuentas separadas porque uno de los dos es mucho más organizado que el otro. Eso ocurre en situaciones en que, por ejemplo, uno es del tipo financista y el otro del tipo despistado. Tal justificativo contribuye para retrasar las conquistas financieras. Si el problema es la desorganización de la pareja, el más competente en ese campo debe asumir la administración de la cuenta conjunta, inclusive proponiendo límites para el uso del dinero. El trabajo no será mucho mayor que administrar una cuenta individual.

Rosa y Tadeo siempre trataron de mantener sus finanzas organizadas. Ella, muy disciplinada y metódica, anota todo, compara los gastos del mes actual con los del anterior, conversa con Tadeo sobre límites y cortes de gastos para no salirse del presupuesto, y hasta decide con el gerente del banco qué inversiones aplicar. Me acuerdo siempre de Rosa porque ella es la única persona que conozco que, en el talonario de cheques, llena el espacio de «saldo anterior» y «saldo actual». Aun así, hace algún tiempo conversábamos sobre una dificultad entre ellos: mientras que ella es extremamente rigurosa con los comprobantes, Tadeo es lo opuesto, no tiene el menor control. Cada mes se peleaban porque Tadeo emitía varios cheques y dejaba los talonarios en blanco. Rosa emitía un cheque creyendo que había saldo y… ¡cuenta negativa! Después de dos o tres pleitos más serios, fue Rosa quien asumió las riendas. Le propuso a Tadeo que saliese apenas con un cheque en la cartera. Cuando necesitara otro, le tendría que dar los gastos del último cheque pagado, ¡cosa que a Tadeo no le gustó! El problema fue resuelto con el surgimiento del dinero electrónico. Hoy en día, ellos ya no usan cheques. Todo lo compran con tarjeta de crédito o cheque electrónico, y Rosa controla diariamente vía Internet el movimiento de la cuenta conjunta de los dos.

• En cuanto al matrimonio civil

Por lo general, en un matrimonio civil se tienen bienes en común; es decir, la pareja comparte todo lo que fue obtenido después del matrimonio. En caso de separación, los bienes poseídos anteriormente no son compartidos, pero todo lo que obtuvieron juntos es dividido en partes iguales. Nada más justo.

Los demás tipos de matrimonio son eficientes en condiciones muy específicas. La comunión universal de bienes es un régimen justo para novios cuyas familias poseen condiciones y patrimonios semejantes. Los bienes anteriores al matrimonio y las herencias son comunes a los dos, dividiéndose en partes iguales en caso de divorcio. Y la separación total de bienes es sugerida en situaciones en que uno de los novios tiene un patrimonio y una entrada muy superior a las del otro y en que cada uno posee cierta independencia financiera, como en el caso de los artistas y profesionales de gran proyección. Es coherente que las finanzas de cada uno se mantengan por separado. Como en toda situación en que hay una parte financieramente favorecida, es conveniente que la sugerencia para ese tipo de matrimonio parta del «menos favorecido», en este caso el de menor salario y patrimonio. Esperar que parta del otro es dar oportunidad a un ambiente incómodo de desconfianza, el gran problema de las discusiones sobre dinero en la familia.

El camino a seguir, entonces, es aquel que traduce en esencia el sentido del matrimonio, unir y compartir. Ustedes comenzarán con el pie derecho si, desde el principio, ambos:

- Tienen sueños y planes comunes.
- Elaboran y respetan un presupuesto familiar.
- Son disciplinados en relación a las inversiones familiares.
- Mantienen las cuentas al día.
- Celebran la conquista de las metas financieras.

• Inicio del planeamiento financiero

Algunas personas piensan que el planeamiento financiero —que también llamo proyecto de independencia financiera— requiere la ayuda de especialistas con elaboradas herramientas de análisis y capacidad para prever el futuro. Esa es una ficción común que muchos tienen en cuanto a lidiar con números y tablas, pues la educación financiera desafortunadamente no es una realidad en nuestras instituciones de enseñanza en todos los niveles.

En realidad, la tecnología empleada en un planeamiento de esa naturaleza utiliza simplemente las herramientas de la matemática financiera básica, con conceptos y fórmulas compatibles con la matemática que se estudia en la enseñanza media. Si aquello que se enseña en las escuelas fuese ejemplificado con casos cotidianos de las familias, es probable que gran parte de las personas ingresara a su primer empleo ya con un plan de independencia financiera por lo menos esbozado. Ese es un pequeño paso que tenemos que dar para construir un país más rico.

Quiero dedicar este capítulo a probar dos hechos:

1. Cualquier pareja puede hacer su propio planeamiento financiero si dedica algunos minutos por semana a su futuro.

2. El planeamiento financiero familiar no puede ser complicado. Después de dedicar algunas horas a su elaboración, basta hacer pequeños ajustes periódicos (tal vez, semestralmente) en las metas para orientar la vida hacia el camino a la prosperidad. Tales ajustes serían pertinentes a los cambios de salario, la rentabilidad de las inversiones, la inflación y los objetivos del plan. Si el control financiero familiar fuera demasiado difícil y les llevara mucho tiempo, tendrán que abandonarlo para aprovechar mejor los momentos de esparcimiento.

Es notorio el hecho de que, para enriquecer, es necesario aprender a gastar. Su riqueza no depende de lo que ustedes ganen, pero sí de cómo gastan. Si, con una entrada pequeña, consiguen establecer con dignidad un estilo de vida saludable y feliz, conscientes de que podrán mantenerlo en el futuro, estarán en una situación mucho mejor que la de los ejecutivos que ganan grandes cantidades de dinero pero que gastan todo para mantener un nivel de vida elevado, que los lleva al borde de un infarto cuando su empleo corre peligro.

Algunos puntos son esenciales en el planeamiento financiero:

- Control de gastos.
- Establecimiento de metas.
- Disciplina en las inversiones.
- Ajustes referentes a la inflación y cambios de salario.
- Administración de lo obtenido.

A continuación abordaré en detalle, cada uno de los pasos para que consigan tener finanzas organizadas y saludables, además de proponer algunas interpretaciones racionales para decisiones típicamente emocionales.

• El presupuesto, ¿se puede reducir?

El primer paso para ahorrar es conseguir que el dinero sobre. Tengan la certeza de que buena parte de los motivos para el hecho de que nunca sobren recursos para el ahorro no está en los grandes gastos del presupuesto. Está en los pequeños, aquellos que huyen del control. Todos saben cuánto ganan y cuánto pagan de alquiler, pagos fijos, escuela, transporte, supermercado. Pero muchos se asustan a final del mes, cuando las cuentas aparecen en rojo, porque los pequeños gastos diarios como panadería, supermercado, regalos, periódicos, revistas y otros se suman y afectan adversamente el presupuesto.

Pasar a controlar esos gastos requiere intensa disciplina durante un corto período, hasta que comenzamos a prestarles más atención. Mi sugerencia: Anoten todos los gastos que hicieron durante el mes. Sean rigurosos, traigan una hoja de papel en la cartera y anoten TODO, desde las propinas al cuidador «de la calle» a la moneda perdida en el ómnibus.

Al final del mes, hagan una planilla —puede ser en la computadora, en la agenda o hasta en una libretita— con la relación de todos los tipos de gastos mensuales. Se darán cuenta de lo grande que es la suma de las cantidades que no anotaríamos en nuestro presupuesto. Cuando tengan la lista de todos los gastos, vean si no se olvidaron de anotar las siguientes cuentas:

Alquiler/prestaciones de la casa	Energía eléctrica	Estética e higiene
	Agua	Gimnasio
Mantenimiento del condominio	Gas	Mensualidad del club
	Teléfono fijo	Tarifas bancarias
Escuela	Teléfono celular	Plan de retiro
Seguro médico	Internet	Títulos de capitalización
Gasolina/transporte público	Contrato de TV	
	Comidas	Revistas y periódicos
Tasas municipales*	Supermercado	Propinas/limosnas
Seguro obligatorio de automóvil*	Panadería	Regalos
	Mercado	Extras diarios
Impuestos	Tintorería	Reservas**
Contribución sindical	Gastos médicos	• cambio de automóvil
Seguros*	Medicinas/farmacia	
Pensiones y diezmos	Ropa	• vacaciones
Gastos domésticos esporádicos o fijos	Diversión/ entretenimiento	• celebraciones
		• educación

*Algunos gastos pueden, opcionalmente, pagarse de una sola vez o durante varios meses del año, como las tasas municipales y el seguro del automóvil. En general, los intereses no compensan. Elijan pagar en mensualidades si no tuviesen reservas para pagar al contado o si su dinero estuviese aplicado en inversiones con una rentabilidad superior a los intereses cobrados en el momento de elegir; por lo menos 0.25% al mes encima de los intereses.
**La constitución de reservas para la adquisición o cambio de bienes no es todavía un hábito muy frecuente, pero es importante para el mejor desempeño de su dinero, aun cuando no se sepa a ciencia cierta cuánto ahorrar ni por cuanto tiempo, en la peor de las hipótesis, dividan el valor del bien por el número de meses que deseen ahorrar. Los recursos para una finalidad específica pueden ser invertidos separados en un fondo elegido exclusivamente para ese objetivo. Una buena alternativa es aplicar en el mismo fondo en que invierten para el futuro, acompañando en una libreta o planilla, qué parte de esos recursos deberá estar disponible para el gasto deseado. Recuerden, cuanto más sea el dinero reunido, mejores serán las alternativas para invertir.

Con la planilla hecha, discutan (juntos) lo que es un exceso y decidan qué puede ser cortado. Si, aparentemente, no hay dónde cortar, establezcan metas para la reducción de gastos. Algunos no podrán ser cortados, pero seguramente hay «pequeños excesos» en los gastos de supermercado, gastos generales, luz o agua. Las economías serán pequeñas, pero la suma de esas pequeñas economías puede concretar su plan de independencia financiera. Más adelante, en la sección «¿En qué economizar?», presento algunas sugerencias para reducir gastos en el presupuesto que no siempre son obvios.

Impongan límites en cada categoría de gastos y ajústense a ellos. Incluyan en su planilla una meta mensual de inversión, no importa si eligen una cantidad mensual o un porcentaje de su salario. Y páguense primero, lo que significa, ¡ahorren esa cantidad en cuanto reciben su salario! Las inversiones pasarán a ser la prioridad número uno. El resto de las cuentas deberá adecuarse al proyecto de independencia financiera de la pareja. ¿Aumentó el alquiler con la inflación? Es hora de apretarse el cinturón y de no comprometer el plan trazado. Es mejor sufrir unos cuantos meses hasta el reajuste salarial o el aguinaldo, que padecer privaciones durante toda la vejez.

La crisis de los siete años

Tal vez una de las mejores lecciones que recibí de amigos con más experiencia antes de casarme, haya sido sobre la crisis de los siete años. Nunca me apegué mucho a los números cabalísticos, pero me pareció curioso el hecho de que muchas personas afirmen que, después de siete años de matrimonio, las cosas «se amargan». «La crisis de los siete años es inevitable», afirman muchas parejas.

Sentí un gran alivio cuando una pareja de amigos con varios años de matrimonio feliz, nos explicó, a mí y a Adriana, con buen humor, los motivos por los que la crisis se daba. Según ellos, a lo largo del tiempo muchos de los detalles encantadores del hogar de la pareja desaparecen.

Al principio, todo es nuevo y reluciente: ropa de cama, cubiertos lustrosos, copas de cristal para recibir a las visitas, todos los electrodomésticos funcionando perfectamente.

Después de cerca de siete años de uso, muchos juegos de vasos ya están incompletos, los cubiertos opacos, la ropa de cama con apariencia de usada. Muchos electrodomésticos dejaron de funcionar, y la rutina de la pareja pasa a incluir la visita de técnicos que cobran un ojo de la cara por servicios mal hechos. Muchos focos de la casa se queman, y los insistentes pedidos para que el «supermarido» los cambie, tienen un tono de reproche. Las paredes necesitan pintura, pero aún se puede vivir así. Las puertas crujen, las cañerías están tapadas, el filtro del agua está dando problema, en fin, un sinnúmero de inconvenientes transforman el otrora «nido de amor» en unas ruinas que caen a pedazos.

No notamos esos problemas porque van sucediendo poco a poco a lo largo del tiempo. Alrededor de los siete años, parece que el encanto y el romanticismo acabaron, pero la gran verdad es que fue el dinero el que se hizo menos. Lo bueno es que la crisis de los siete años puede evitarse. No cuesta mucho trabajo, pero requiere cierta disciplina, una vez más con los ojos en el futuro. La pareja debe incluir en su presupuesto recursos para un ahorro destinado a «renovar la casa» de tiempo en tiempo. Algunos eligen renovar todo de una sola vez después de siete u ocho años de matrimonio. ¡Perfecto! Es como casarse de nuevo, renovar sueños, disfrutar la emoción de tener novedades en la vida. El camino que debe evitarse es exactamente el de la inercia. No existe el «así estamos bien». ¡La vida depende de la renovación!

• Establezcan metas

Al proponerse organizar y controlar con más empeño su vida financiera, el objetivo principal definitivamente es hacer posible la conquista de los sueños. Si obtuvieran éxito en esa propuesta, seguramente conquistarán el objetivo secundario de no sufrir con dificultades financieras.

Los sueños a los que me refiero no son solamente los de seguridad e independencia financiera, tal vez la gran meta que a muchos no les preocupa. Existen metas intermedias que, independientemente de ser estipuladas en pareja o no, costarán mucho más caro si fueran financiadas por bancos o entidades financieras, y no con los propios recursos.

Si, por ejemplo, su sueño es comprar un automóvil, vean cuál es la mejor opción de pago:

* Si, para comprar el automóvil, resuelven ahorrar $300.00 al mes en una aplicación que rinde 0.6% líquido mensual, en cinco años acumularían $21,598.42. La suma de los depósitos en esos sesenta meses sería de $18,000.00, más los intereses del banco habrían trabajado para ustedes, haciendo posible la compra de un automóvil mejor.

* Si ustedes, no obstante, optasen por comprar ahora un automóvil de $21,589.42, financiado en sesenta meses con un interés de 0.6% al mes, pagarían sesenta pagos de ¡$429.54! En vez de que los intereses trabajen para ustedes, la situación se invierte: ustedes estarían trabajando —y mucho— para pagar los intereses compuestos. El desembolso total en ese período sería de $25,772.40, cerca de 43% más que los $18,000.00 de la opción anterior.

Por lo tanto, si nuestros sueños de consumo nos pueden costar mucho menos, tenemos que establecer de antemano nuestras metas para poder alcanzarlos. Esto es válido para la adquisición de automóviles y propiedades, cursos, educación de los hijos, viajes, celebraciones en familia, nueva decoración de la casa, regalos y otros tantos sueños cuyos costos no se incluyen en el presupuesto del mes. La situación de la economía, cuando es estable, nos permite planear nuestro futuro, por eso tenemos que aprovechar esa oportunidad.

Fíjense que no es difícil. Conversen sobre sus metas como pareja y también sobre las metas individuales de cada uno, y analicen su presupuesto para adaptarlo a las necesidades de tener reservas para esas metas. Escriban sus metas, firmen y pongan la fecha. Esa actitud les va a ayudar a afirmar en su pensamiento que realmente se están comprometiendo a alcanzar sus metas. También es aconsejable colocar esas anotaciones en un lugar en que todos los días puedan verlas, como motivación adicional para continuar con el mismo objetivo cuando surja la tentación inevitable de desistir.

El establecimiento de compromisos por escrito ayuda a evitar las compras por impulso. A partir de su matrimonio, Marcia y Milton comenzaron a ahorrar cerca de 25% de su salario con el objetivo de conquistar su independencia financiera. La meta que ambos concordaron en asumir por escrito era la de formar un ahorro equivalente a $800,000.00 antes que Milton cumpliese 45 años, para entonces vivir con la garantía de la entrada que la cuenta de ahorros les daría o abrir un negocio propio.

En dos oportunidades casi cayeron en la tentación de desistir de su objetivo. La primera fue cuando vino al mundo la princesita de la familia, Mariana. En aquella época, tenían el equivalente a $80,000.00, faltando exactamente diez años para expirar el plazo propuesto en su compromiso. No consiguieron seguir ahorrando 25% de su salario, sino apenas 16%. Rehaciendo los cálculos, la pareja notó que necesitaría ser un poco más selectiva en sus inversiones, pues sería necesario obtener un rendimiento medio de 0.7% al mes líquido para alcanzar su objetivo. Hasta entonces, conseguían apenas 0.55%. Milton propuso sacar $2,000.00 del ahorro para inscribirse ambos en un curso de finanzas personales e inversiones.

Aplicaron tan bien su conocimiento que recientemente, al cumplir 42 años, Milton comentaba el bienestar de haber acumulado $750,000.00.

Consiguieron los $800,000.00 a los seis meses, dos años y medio antes del plazo. Aun así, él me hablaba de la importancia de tener la meta por escrito, pues hace dos años pensaron nuevamente en desistir de su objetivo, esta vez al recibir una propuesta de un colega de trabajo, de comprar una pequeña hacienda. Tenían el dinero para comprarla al contado, pero el «contrato» les hizo resistir la tentación y siguieron con su plan. Hoy en día ahorran 18% de lo que ganan, 13% va al ahorro de la hacienda y 5% al proyecto de independencia financiera. Ambas metas serán conquistadas para cuando Milton cumpla 45 años de edad.

• Independencia financiera: El futuro garantizado

Uno de los momentos críticos de la vida profesional es aquel en que se comienzan a sentir señales de agotamiento en relación a la carrera. Muchos alcanzan el salario deseado renunciando a la satisfacción personal y pasan años trabajando así. El salario es una buena indemnización, después de todo. Pero cuando la edad avanza, el aguante no es el mismo, y todo lo que esos profesionales le piden a la vida es poder «reducir el ritmo».

Con seguridad ustedes ya escucharon comentarios de ese tipo. El drama es que la gran mayoría de las personas no puede darse ese lujo, pues son esclavas de sus salarios. Si dejan de trabajar o sufren reducción de salario en un eventual cambio de empleo, no conseguirán mantener su estilo de vida. Y la soñada jubilación se retrasará una vez más. La insatisfacción hace que la salud se deteriore rápidamente. Muchos jefes de familia pierden la vida por no aguantar ese sufrimiento.

Afortunadamente, es posible cambiar esa situación. Si ustedes deciden no contar más con la suerte y encarar la posibilidad de enriquecer porque así lo eligieron, de forma planeada, podrán tener un futuro más próspero en todas las etapas de su vida. No todos los problemas pueden ser prevenidos o evitados, pero ustedes pueden, ahora, escoger por lo menos no tener dificultades financieras, que muchas veces desencadenan otro tipo de problemas.

La sensación de riqueza se mide por el estado del espíritu, y no por la cuenta bancaria. Es rico quien tiene una vida feliz, salud para vivirla y también una entrada garantizada para mantener esa felicidad conquistada a lo largo de la existencia. Esa felicidad se construye con sus elecciones, inclusive la del estilo de consumo que se desea tener.

La riqueza con abundancia financiera es algo que puede alcanzarse con un plan de objetivos. La fórmula de la abundancia financiera es sencilla:

Gasten menos de lo que ganan e inviertan la diferencia.

Después reinviertan sus ganancias hasta alcanzar una base necesaria de capital que genere esa entrada mensual que desean para el resto de la vida.

Es una operación matemática sencilla. Si ustedes viven con $3,000.00 al mes y planean mantenerse con ese salario por el resto de sus vidas,[6] necesitan crear una fuente de recursos que genere los $3,000.00 mensuales indefinidamente. Esa entrada puede obtenerse abriendo un negocio propio, o a través de un buen plan de retiro privado sin riesgos o proporcionada por aplicaciones financieras después de la formación de una base crítica.

El cálculo de base crítica necesaria no es complicado. En primer lugar, deben estimar el rendimiento que se obtendría en una aplicación financiera segura. Por lo general, las aplicaciones financieras más seguras, como títulos del gobierno y fondos de renta fija, rinden cerca de 0.5% líquido al mes,[7] ya descontados el impuesto de renta y la inflación. Basta dividir la cantidad deseada por la tasa de interés y tendrán la meta deseada de base crítica. En el ejemplo:

---

6. Sin contar con el seguro social, premios, seguros y herencias. Sugiero que esos factores no se tomen en cuenta en su plan. Inclúyalos cuando realmente los tenga en su mano.

7. $0.5\% = 0.5 / 100 = 0.005$

$$\frac{\$3,000.00}{0.005} = \$600,000.00$$

Fíjense que 0.5% de $600,000.00 es igual a $3,000.00. Como estamos descontando la inflación, siempre tendremos el valor del ahorro actualizado, que va a generar una renta equivalente a $3,000.00

Entiendan ese razonamiento en el siguiente ejemplo:

1. $600,000.00, aplicados en un fondo balanceado moderado, rindieron 1.0% de interés durante el mes, ya descontados el impuesto de la renta y la tasa de administración del banco.[8] Ese rendimiento fue por lo tanto de $6,000.00.

2. La inflación en ganancia en el mes fue de 0.5%.[9] Esa inflación debe ser deducida de los rendimientos de 1.0%. Sobra, entonces, 0.5%, que generó $3,000.00 durante el mes. Ese es el dinero necesario para pagar las cuentas de la familia en el último mes, presupuestadas en $3,000.00. Considere que la inflación generará efectos solo en las cuentas del mes siguiente, como sucede cuando se usa la tarjeta de crédito en forma apropiada.

3. Al siguiente mes, la familia necesitará más dinero para pagar las cuentas, pues la inflación de 0.5% hace que sus gastos aumenten a $3,015.00.

4. Como de los $6,000.00 ahorrados, fueron sacados solo $3,000.00, sobraron $3,000.00 en la aplicación, elevando el saldo al final del mes a $603,000.00.

5. Si el fondo mantiene el desempeño y la inflación continúa en el mismo nivel, los $603,000.00 generarán $6,030.00 en

---

8. Cuando ustedes acompañan el desempeño de sus aplicaciones en el estado de cuenta del banco, la tasa de administración ya viene descontada. Los fondos de renta fija más eficientes cobran menos de 1% al año. Tasas superiores a 2% al año se justifican solo en fondos de renta variable, que exigen un trabajo más intenso de los administradores.

9. Se sugiere que el indicador de inflación utilizado sea la propia variación de los gastos regulares de la familia (aquellos que ocurren todos los meses). Por ejemplo: si en el mes 1 la familia gastó $ 800.00 y en el mes 2 los gastos subieron a $ 816.00 la inflación fue de 2% (816 ÷ 800 − 1). Con ese razonamiento, habrá meses con inflación significativa, pero varios otros con inflación igual a cero.

intereses (1.0%), de los cuales $3,015.00 serán renta líquida (0.5%) y los $2,985.00 restantes serán la parte equivalente a la inflación (0.5%).

6. Si solo sacaran los $3,015.00 y el sistema se mantiene, la renta jamás acabará, estará preservada inclusive contando con los efectos de la inflación.

¿Cree que $600,000.00 es mucho dinero? No si toman las decisiones financieras correctas a lo largo de la vida. Piensen en el ejemplo de venta de la casa propia de $100,000.00.[10]

Aquellos que se deciden por el alquiler de $800.00 y dejan depositados los $100,000.00 en un fondo que rinda 0.5% líquido al mes tendrán los $600,000.00 en 30 años.

¿Parece mucho tiempo? Si además de invertir los $100,000.00, ponen en práctica el plan de ahorro de los $301.09 del ejemplo del alquiler,[11] tendrán los $600,000.00 en 23 años y medio.

Si mejoran la estrategia y consiguen intereses medios líquidos de 0.7% al mes (8.73% al año), ese plazo será dieciocho años. Sin magia y sin recurrir a la suerte, simple matemática de finanzas.[12]

¿No es un bello proyecto de vida? El desafío está «en encontrar tasas eficientes de interés en sus inversiones, lo cual requiere cierta estrategia y consejo profesional». Algunos prefieren invertir sus economías en emprendimientos propios que rinden más, ¡y eso es perfecto! Pero, para formar recursos suficientes para abrir un negocio propio, es necesario primero acumular los recursos.

Resumiendo: El primer paso para la independencia financiera es gastar menos de lo que se gana, controlando el presupuesto doméstico. Enseguida, trazar un plan que defina cuánto ahorrar por mes, y durante cuánto tiempo, hasta llegar a la entrada

10. Demostrado en la página 45.
11. Demostrado en la página 46.
12. En el capítulo 7 presento diferentes estrategias para conseguir el ahorro deseado.

mensual que ustedes quieren tener para su jubilación. Si, además de eso, consiguen hacer que sobre <u>de lo que necesitaban</u> para cumplir las metas del plan, al final del mes habrá dinero extra en la cuenta.

¿Es correcto invertir ese sobrante de recursos para anticipar la jubilación? Mi respuesta es NO. Si, de vez en cuando, sobran recursos en la cuenta corriente —por ejemplo, al recibir el aguinaldo—, no es pecado aprovechar ese buen momento y darse derecho a algunos lujos: disfrutar unas vacaciones, invertir en un nuevo pasatiempo, gastar en una cena romántica, crear un nuevo ahorro para cambiar el automóvil, comprar un electrodoméstico, renovar el guardarropa, hacer un tratamiento de belleza y así por el estilo. Ustedes deciden, es su opción de lujo.

Es de esas oportunidades que viene la verdadera sensación de bienestar financiero. Consuma sin culpa. Recargue las pilas. Sea feliz. ¡Finalmente, su futuro estará protegido!

• Libérense de las piedras en el camino

«El discurso es muy bonito, pero ¿cómo ahorraremos y aprovecharemos los lujos de la vida si le estamos debiendo a todo el mundo?»

Si están con saldo negativo en el banco, la culpa es de las malas decisiones que tomaron en los últimos meses, tal vez años: entrar en un financiamiento de casa o apartamento de estilo superior al que su salario cubriría con holgura, comprar con financiamiento y no controlar las cuentas del mes, descuidar el saldo bancario y comenzar a pagar intereses altos, comprar un regalo caro en un momento inadecuado para el bolsillo…

Tomamos decisiones todos los días. Hablen sobre sus últimas decisiones, pero no transformen esa discusión en el foco del problema. No lloren por la leche derramada. Usen sus energías para resolver el problema, pero prométanse mutuamente pensar dos veces antes de repetir el mismo error en el futuro.

Es necesario declarar la guerra a las deudas. Tienen que hacer todo el esfuerzo posible para pagar las deudas en el menor plazo posible. No se gana nada pagando poco a poco, pues es como cavar un hoyo en la arena. Cavamos y cavamos, hasta que viene el mar y llena el hoyo de agua y arena de nuevo. Si no saldan las deudas de una vez, en pocos meses los intereses van a reponer lo que ya pagaron.

Entonces, manos a la obra. Corten drásticamente los gastos. Economicen electricidad, agua y gas. Compren lo menos posible, corten lo superfluo en el supermercado, prohíbanse a sí mismos gastar en diversiones y ropa. Economicen gasolina: en lugar del automóvil, viajen en autobús. Propónganse de verdad guardar dinero. Usen todos los tipos de ahorro que tengan. De nada sirve no mover las inversiones y perder más con los intereses de la deuda. Lo mismo es cierto en cuanto a bienes como terrenos e inmuebles en espera de valorizarse. Vendan lo que fue comprado innecesariamente y no está siendo usado. **No hay una inversión que valga para quien está ahogado en deudas**.

Pero no se olviden: en cuanto las deudas estén saldadas, pongan en práctica su plan de ahorro y enriquecimiento.

• ¿En qué economizar?

No es difícil encontrar fuentes de orientación sobre cómo gastar menos. Todos los grandes *sitios* de noticias de Internet tienen columnas específicas de finanzas personales. Los periódicos y los *sitios* de Internet publican periódicamente materias y cartillas con sugerencias de economía (les recomiendo que recorten y guarden esos materiales en una carpeta). Las organizaciones que defienden al consumidor publican decenas de folletos que muestran cómo gastar menos.

Muchas sugerencias son bastante obvias, como apagar las luces al salir de un lugar o juntar bastante ropa antes de lavar y planchar. Pero, a pesar de ser obvias, pocos las siguen. He aquí algunas sugerencias no tan comunes para economizar en el presupuesto doméstico:

Electricidad: Muchas familias sustituyeron los calentadores eléctricos por calentadores de gas porque es más barato. Esos equipos, sin embargo, generalmente son instalados lejos de los baños, y eso obliga a esperar a que salga toda el agua fría que está en la tubería entre el calentador y la ducha. En cada baño, se pierden cerca de 5 litros de agua, más el consumo de gas desperdiciado. Si la familia se organiza y todos se bañan en secuencia, no habría tiempo para que el agua se enfriase. Para una familia de tres personas, la economía es de 15 litros al día, o 450 litros de agua al mes, más el costo del gas.

Teléfono: Es común adquirir planes familiares para reducir el costo de las llamadas entre parientes. Pero la idea de que las llamadas de celulares cuestan caro transforma en hábito el uso del teléfono fijo para hacer todas las llamadas cuando se está en casa. Es un error. Las llamadas entre celulares de la misma compañía normalmente cuestan menos que si se hacen entre un teléfono fijo y un celular. En ese caso, es más ventajoso usar el celular aun cuando se esté en casa.

Compras en el supermercado 1: Algunas parejas prefieren recorrer distancias mayores una vez por mes para comprar en hipermercados que les quedan más lejos. Cuidado con comprar sin necesidad. Al comprar grandes cantidades para pagar menos, pueden exceder la cuenta y transformar la economía en pago de intereses altos. ¡Sin dinero en el banco y con los anaqueles llenos! Además, necesitarán de un congelador para guardar los productos perecederos, lo que aumenta la cuenta de luz. Una decisión más sabia es comprar con más frecuencia (semanal o quincenalmente), adquiriendo solo lo necesario para los próximos días. Aprendan a hacer su lista de compras y aténganse a ella. Además de no dejar dinero inactivo en la despensa, actuando de esa manera conocen mejor los precios de los productos. Sean sensatos, boicoteen los productos cuando aumenten de precio.

Compras en el supermercado 2: Es importante leer los folletos de propaganda para comprar en los supermercados más baratos o aprovechar las promociones. Pero toda la economía se puede perder si deciden aprovechar las promociones de todos los supermercados: gastarán menos con las compras, pero perderán dinero con el consumo de gasolina.

Liquidaciones y ofertas maliciosas: Estamos rodeados de muchas más trampas que las que el sentido común es capaz de percibir. Desconfíen de los precios muy debajo del precio promedio del mercado, que en general esconden alimentos cercanos a la fecha de vencimiento, muebles y objetos de decoración echados a perder, equipos malos o arreglados. También son frecuentes los casos en que los precios muy bajos significan mercancía robada o falsificada. Ese tipo de economía puede costar muy caro.

Intereses bajos o inexistentes en las mensualidades: No existen intereses bajos para financiamiento en el comercio. En general, cuando un vendedor de menudeo ofrece intereses muy bajos para pagar a plazos, es porque parte de esos intereses ya están incluidos en el precio de venta en efectivo. Y eso significa que ustedes pueden encontrar mejores precios en la competencia.

• *¿Basta mantener dos automóviles o uno?*

Desafortunadamente, la clase media de la mayoría de las grandes ciudades tiene el automóvil como el principal medio de transporte. Ese cuadro podría ser muy distinto si hubiera mayores inversiones del gobierno en transporte público. De cualquier forma, la decisión de compra del automóvil ocurre más temprano que tarde en gran parte de las familias.

Es necesario pensar que mantener un automóvil cuesta muy caro. En economías desprovistas de grandes riquezas (como en algunos países latinoamericanos), puedo afirmar con seguridad que el automóvil, aun el más económico, es un verdadero bien de lujo de la clase media. **Para mantener un automóvil económico nuevo salido de la agencia, es necesario gastar más del precio de otro automóvil cada dos años.** Vean los siguientes estimados de gastos anuales con un automóvil de $20,000.00 y saquen sus conclusiones:

Seguro anual (cerca de 8% de su valor[13])	$ 1,600.00
Placas (4% del valor en algunas ciudades)	$ 800.00
Gasolina (para cerca de 1,500 Km /mes[14])	$ 4,000.00
Estacionamiento[15]	$ 1,200.00
Mantenimiento (aceite y reparaciones)	$ 1,000.00
Depreciación en los primeros años (12% promedio)	$ 2,400.00
Total de gastos al año	**$ 11,000.00**

En otras palabras, casi $917.00 al mes. No consideré esa suma llamada «costo de oportunidad» —otros $1,600.00 al año—, que es la cantidad que ustedes dejarían de ganar si los $20,000.00 fuesen aplicados anualmente a un interés de 8%. Pocos hacen esas cuentas antes de comprar un automóvil, tampoco las incluyen en el presupuesto mensual. ¡He aquí una fuente más de sorpresas para el bolsillo! ¡Fíjense que mantener un automóvil económico cuesta más que uno nuevo cada dos años! Si el estimado fuera hecho con modelos más lujosos, fácilmente notarían que su bolsillo perdería un automóvil económico por año.

Por eso, es necesario pensar dos veces antes de decidir comprar el segundo automóvil. Si con taxi o transporte público, una persona gasta

---

13. Ese porcentaje puede ser mayor o menor, dependiendo del modelo, de la manera de conducir del conductor y de la región donde circulará, ultrapasando 10% del valor del automóvil en muchos casos.

14. Tomando en cuenta que la familia acostumbra viajar en su propio automóvil.

15. Estimé los gastos de estacionamiento en $100.00 por mes. Cuando esos gastos son mayores, el seguro tiende a ser menor, lo que da una cierta compensación.

$20.00 al día, serían $440.00 al mes (22 días hábiles), o $5,280.00 al año. Parece mucho dinero, pero eso significa apenas 48% de lo que gastaría con un automóvil, con la diferencia de que todavía podría alquilar, con el resto, un automóvil para las vacaciones y hacer un ahorro.

Pero, si aun así el segundo automóvil continúa en los planes, es necesario elegir con cuidado. La opción del automóvil implica dos aspectos principales: *necesidad* y *estatus*. La necesidad será atendida por la opción que tome en cuenta la mejor relación en cuanto al costo y el beneficio. Una pareja en que uno de los dos necesita llevar al hijo a la escuela antes de ir al trabajo, habrá atendido su necesidad comprando un automóvil económico y barato. Una familia con más de un hijo que viaja todos los fines de semana a la casa de playa o de campo habrá atendido a su necesidad comprando un sedán o una camioneta con buen espacio para el equipaje.

Las mismas decisiones pueden llevar a comprar vehículos diferentes si el *estatus* pesa en la elección. La pareja puede optar por un automóvil nuevo, comprado en la agencia, sabiendo que un modelo similar con un año de uso cuesta 15% menos. La familia que viaja puede escoger un modelo con diversas opciones de comodidad, o un modelo de lujo, pagando algunos miles más.

La cuestión del *estatus* no está ligada necesariamente al valor de mercado del automóvil, y sí a la identificación del modelo con el estilo de vida de la persona. Un automóvil con treinta años de uso puede no valer nada y ser una gran fuente de gastos de mantenimiento. Por otro lado, tendrá un valor inestimable si todavía tuviera todas las piezas originales y está en impecable estado de conservación. Un verdadero símbolo de *estatus*.

Independientemente de la elección, es importante notar que, si los recursos son escasos, se debe prescindir del *estatus*. Las cosas lujosas solo se compran cuando hay más dinero disponible de lo necesario para las cuentas de la familia y para el plan de independencia financiera. En caso contrario, ustedes descubrirán la dolorosa sensación de pérdida de *estatus* a lo largo de la vida.

Recientemente, un ex colega de trabajo discutía conmigo sus planes de cambiar de automóvil. Rodrigo había recibido un bono a fin de año y comentaba su decisión de comprar una camioneta nueva en la agencia. Costaba $50,000.00. Me espanté con la elección, pues hasta entonces él conducía un sedán mediano, muy fácil de maniobrar con más de cuatro años de uso, que valía menos de la mitad del precio del automóvil nuevo.

Cuando le pregunté por qué quería un automóvil nuevo, me dijo que porque viajaba mucho. Unas tres veces por año, iba de Sao Paulo al interior de Minas Gerais o a Florianópolis. Le propuse una simulación de valores. Si compraba un sedán (no una camioneta) del mismo modelo y con poco más de un año de uso, pagaría alrededor de $36,000.00. Para conducir, la facilidad era la misma. Si escogía con cierta paciencia y cuidado, la única diferencia sería la falta del «olorcito a nuevo», y un ahorro de $14,000.00.

¿Y los viajes? ¡El espacio para el equipaje no sería el mismo! Entramos en Internet e investigamos en las empresas que alquilan automóviles iguales al que a él le gustaría comprar: cobran unos $700.00 por cuatro días, con kilometraje libre y seguro incluido, más unos $250.00 por cada día adicional. Y tenía la ventaja de viajar siempre en un automóvil nuevo, sin necesidad de preocuparse con su mantenimiento. Lo convencí, cambió de opinión y ¡me invitó a ir con él en su próximo viaje!

• Cuándo comprar casa

Al presentar la comparación entre comprar y alquilar una vivienda, probé que, en el aspecto financiero, normalmente es más ventajoso vivir en un inmueble alquilado. Muchos no están de acuerdo, algunos afirman que la casa propia ofrece mayor tranquilidad, otros están seguros de que proporciona mayor confianza.

Creo que, en cuanto a la tranquilidad, muchos se refieren al inconveniente de la corrección de precios o la duda en relación a la voluntad del propietario de renovar el contrato de alquiler. Tonterías. Consideren ese trabajo extra como el precio —módico— del enriquecimiento. Les sugiero a mis amigos que viven en inmuebles alquilados que, periódicamente, visiten otros lugares para investigar oportunidades de alquiler más barato o alternativas a la vivienda actual. Tengan siempre una alternativa para mantener el crecimiento del dinero rumbo a un futuro próspero.

Veo la «inestabilidad» de la situación de alquilar como una ventaja. Por eso, prefiero dar a esa situación el nombre de «flexibilidad». Para aquellos que están en los primeros años de su carrera, todavía consolidando su formación profesional y su currículum vitae, existen grandes oportunidades de cambiar de empleo. En las grandes ciudades, vivir cerca del trabajo hace una diferencia enorme en el presupuesto. Pero yo diría que, en la ciudad de Sao Paulo, donde vivo, vivir cerca del trabajo significa calidad de vida. Quien cambia de empleo y vive en casa propia tiene un gran problema que resolver: enfrentar el dolor de cabeza de vender y comprar otra vivienda, o aceptar el sacrificio de más horas en el tránsito y muchos más gastos en cuanto a la gasolina y el mantenimiento del vehículo. Quien vive en un lugar alquilado no tiene esa preocupación: basta esperar unos pocos meses para que acabe el contrato y se muda a otro lugar. El costo de la mudanza, si eso no ocurre con mucha frecuencia, se paga tranquilamente con el ahorro obtenido por lo que economizó en el alquiler.

Otro argumento en contra de la vivienda alquilada es el de la seguridad: «Si pierdo el empleo, ¿dónde voy a vivir?» Para mí, ese es un argumento sin validez. ¿Qué hará en una situación de desempleo si todo su dinero está invertido en la casa? Todavía peor si estuviera pagando prestaciones de la casa y corriera el riesgo de perderla ¡Si elige el camino de alquilar + ahorro, tendrá una reserva formada en el caso de una emergencia!

La conclusión a la que quiero llevarlos no es que siempre se deba alquilar y nunca comprar. Al contrario. La decisión de comprar será mejor después de alcanzada la estabilidad financiera, profesional y familiar, o cuando surjan oportunidades reales para invertir y ustedes tengan recursos para aplicar en algo que multiplique su capital. Pero será un mal negocio cuando los recursos ahorrados sean insuficientes para comprar una casa y mantener el estilo de vida de la familia. ¿Para qué correr riesgos si hay alternativas más baratas?

Capítulo 5

Las finanzas de las parejas con hijos

Las finanzas de las parejas con hijos

La llegada de los hijos es la etapa de la vida en que el planeamiento financiero se vuelve imprescindible. Si hasta entonces no estaban haciendo nada al respecto, este es el momento de comenzar, aunque sea un poco tarde, para alcanzar sueños más ambiciosos. En este capítulo trato de los beneficios del planeamiento no solo para conseguir pagar las cuentas al final del mes, sino también para garantizar la capacidad de asumir gastos cuya frecuencia e intensidad aumentan a medida que los hijos crecen. Es necesario recordar siempre la necesidad del equilibrio entre los gastos para obtener bienestar y la capacidad de mantener ese bienestar en el futuro.

Las parejas que no anticiparon los grandes gastos de la crianza de los hijos sentirán, más adelante, una presión muy fuerte en cuanto al presupuesto familiar. Estas personas corren el riesgo de ver que los gastos para vivir con bienestar son sustituidos por los de la educación de los hijos. Ese es uno de los aspectos de la llamada crisis de la edad mediana, el precio que se paga por no mantener la vida en equilibrio. El dinero está directamente relacionado con los conflictos de esa etapa. Dos caminos opuestos pueden crear miedos y conflictos de la misma naturaleza:

1. Las parejas que pasan el tiempo gastando todo lo que ganan y asumen estilos de vida por encima de lo ideal se dan cuenta, en esta etapa, del error cometido. Con un estilo de vida que consume

todo o casi todo el salario, no hay perspectivas para formar un buen ahorro de ahí en adelante. A esta altura es cuando la pareja comienza a renunciar a propiedades y bienes para crear reservas. Con eso, el estilo de vida decae.

2. Las parejas excesivamente preocupadas con el futuro, que ahorran todo lo que pueden para la jubilación, se dan cuenta en esta etapa que una vida mal vivida hace que la salud para «disfrutar» la jubilación no sea la esperada. La mezquindad excesiva quita el ánimo para vivir los momentos de placer.

Ni lo uno ni lo otro. El desafío es encontrar a lo largo del tiempo el término medio, el nivel de ahorro ideal que haga posible una vida saludable y bien vivida tanto en la etapa productiva como en la de la jubilación. De ahí la importancia no solo de acumular reservas para los gastos con la educación de los hijos sino también de invertir en esparcimiento, en momentos de ambos, en la convivencia con amigos. Inviertan más en ustedes y en su relación. ¡El futuro se lo agradecerá!

• *La familia aumentó: ¿Qué es lo que cambia?*

La llegada del primer hijo trae cambios a la vida de la pareja tan o más significativos que los del matrimonio. Cambia completamente la responsabilidad de los padres en relación a su vida profesional y familiar. Cambian también los gastos de la familia.

El tiempo de esparcimiento disminuye mucho. La verdad es que las distracciones en sí cambian, los hábitos se vuelven hacia el hogar. Naturalmente, los gastos en que se incurrían por actividades de esparcimiento son sustituidos por los que ocasiona el cuidado del bebé. Pero esa no es simplemente una cuestión de sustitución de gastos. El hogar recibe una persona más que alimentar, vestir, abrigar. Los gastos en el supermercado casi se duplican, incluyendo ahora pañales, productos de higiene para el bebé y alimentos especiales. Aumentan los gastos de ropa, renovada con una frecuencia impresionante, sin contar equipos de seguridad, como el cochecito y el asiento para el automóvil. Es necesario agregar un nuevo plan de salud al presupuesto. Para los padres que trabajan, también hay necesidad de contratar una niñera. Quien no contrata una al menos tiene que «agradecer» a los parientes que se disponen a cuidar al pequeño.

Es una verdadera revolución en el presupuesto. Si estaba apretado, ahora lo estará más. Si había bastante para invertir y lujos, probablemente esa cantidad disminuirá o desaparecerá. Obviamente, los primeros gastos a cortar serán los de lujos. ¿Es posible renunciar a las cenas a solas, las salidas con los amigos, las compritas extra para «satisfacción personal»? ¡Claro que sí! Con una vida nueva en casa, surgen innumerables oportunidades para disfrutar momentos únicos, que no cuestan nada y al mismo tiempo no tienen precio.

La moneda más valiosa de esa etapa de la vida es el *tiempo*. Si dejan simplemente pasar esos momentos con la disculpa de tener mucho trabajo (o sea, estar corriendo detrás del dinero), llegará el día en que se darán cuenta de que darían todo el dinero que ganaron en la vida para volver a tenerlo.

Es natural que el salario de la familia aumente a lo largo de los años, pues hay una evolución natural en la carrera. Las personas con experiencia son mejor remuneradas, y esos incrementos de salario normalmente acompañan grandes cambios en los gastos de la familia. Un embarazo bien planeado debe tomar en cuenta la conquista de algunas metas profesionales. Con seguridad la pareja tendrá mayores dificultades en organizar su presupuesto si surge un embarazo mientras uno de los dos aún esté en la universidad o cursando un posgrado.

Afortunadamente, la sociedad aprendió a reconocer el valor de las cualidades femeninas en las diversas actividades profesionales. La maternidad tiende a no ser más vista como un obstáculo para la contratación de mujeres para cargos de importancia.

Independientemente de los aumentos de salario, algunos ajustes necesitarán hacerse en el presupuesto familiar, Aun antes de la llegada del bebé, ese presupuesto ya debe incluir un ahorro previo para amueblar el futuro cuarto y comprar los productos esenciales. A partir de la llegada de la nueva vida, surgen gastos con los que la familia convivirá mensualmente, de los cuales trataré en los temas siguientes.

• Ahorro mensual: Garantía de un futuro tranquilo

Creo que la mayor preocupación de los padres en relación a los hijos es conseguir proporcionarles un futuro seguro y tranquilo. El mejor camino para alcanzar ese objetivo es garantizarles una buena formación tanto de carácter como intelectual y física. El resto viene automáticamente, es lo que dicen.

Agradezco eternamente a mis padres cuando reflexiono y noto que no escatimaron esfuerzos para proporcionarme una buena formación. Mi papá siempre buscó garantizar una educación de calidad, lo que me permitió estudiar en las mejores universidades del país. Mi mamá siempre me incentivó a alimentarme de forma saludable y me «obligó» a practicar deportes. Hoy tengo buena salud y una formación ejemplar gracias a ellos.

Uno de los mejores regalos que una familia puede dar a sus hijos es la garantía financiera de poder estudiar o abrir su propio negocio. ¿Qué tal decidir ahorrar para garantizar la universidad de su hijo? En el ejemplo a continuación pruebo que ese es un camino viable para cualquier familia siempre que existan planes. Cuanto antes se decidan por ese camino, más fácil será para los padres alcanzar su objetivo.

Una buena universidad cuesta mucho dinero al mes. Pero si los padres resuelven invertir $50.00 todos los meses,[16] comenzando en la fecha que

---

16. Siempre corrigiendo la cantidad por la inflación.

su hijo nació, y obteniendo un rendimiento líquido de 10% al año,[17] tendrán cerca de $28,800.00 (actualizados por la inflación) en el ahorro del hijo cuando cumpla 18 años, lo suficiente para garantizar los primeros años de universidad. Si a partir de los 18, no se deposita más y el dinero tampoco es retirado, continuará creciendo en la misma proporción, acumulando $608,497.00 para cuando el hijo cumpla 50 años.

¿No es fantástico? Un poco de disciplina de los padres en relación al dinero puede garantizar con tranquilidad la universidad de los hijos. Y hasta se puede ir más lejos: si los padres dan una buena educación financiera a los hijos y si estos consiguen estudiar sin usar los ahorros, también estará garantizada su jubilación, fuera de lo que puedan construir con su propio salario. ¡Una vida sin preocupaciones financieras! ¿Qué mejor herencia que esa?

Una cosa es cierta: los hijos pueden escoger con libertad su carrera cuando perciben que hay seguridad para correr riesgos. Las personas que escogen su profesión por pasión y no por la necesidad de dinero, generalmente son las que más se destacan en su área. Corran detrás de sus sueños que el dinero vendrá atrás.

• *Planes de previsión y seguros*

Muchos padres prefieren sustituir el modelo de acumulación de ahorro del tema anterior por planes de seguros de previsión. Los bancos ofrecen innumerables opciones: seguro-educación y seguro de vida, rescatables o no, seguro de trabajo y planes de previsión, entre otros. La familia

---

17. Cuando usé este ejemplo en el libro *Dinero: Los secretos de quien tiene*, muchos lectores consideraron optimista la tasa líquida de 10% al año. Debe tomarse en cuenta que, usualmente, se consigue fácilmente un rendimiento de 6% al año sin correr riesgos invirtiendo en renta fija. Conseguir 4% al año más no es difícil con un análisis cuidadoso de las inversiones. Será más fácil todavía en la medida en que el ahorro total acumulado sea aumentado proporcionando el acceso a mejores fondos. Muchos padres optan por la libreta de ahorros y pierden mucho con esa opción, pues la rentabilidad real no alcanza ni siquiera a 6% al año.

pasa a ser incentivada a adquirir esos planes principalmente después del nacimiento del primer hijo.

No hay, obviamente, razón para contratar un seguro de vida si la familia tiene reservas suficientes para mantener el estilo de vida en el caso de que uno de los dos padres llegue a faltar. Un seguro, cualquiera que sea, no puede ser visto como inversión, y sí como el precio que se paga para garantizar que no falte lo imprescindible. Si solo uno de los papás trabaja, es él quien debe tener seguro de vida o de trabajo. En el caso de accidente con la casa —incendio, robo, destrucción—, y la pareja no tiene reservas para reponer las pérdidas, comprar otra casa o pagar el alquiler, se sugiere obtener un seguro residencial.

Recomiendo enfáticamente a los padres que todavía no consiguieron formar una reserva de por lo menos seis meses de salario que consideren un seguro de vida. Si sobra mensualmente poco dinero para ahorrar, será mejor invertir adquiriendo una protección para su familia aunque para eso tengan que renunciar al plan de inversiones e independencia financiera. Entonces, con el futuro de sus hijos protegido, será hora de comenzar a organizar el presupuesto familiar para elaborar la jubilación financiera.

Las familias que poseen varios dependientes deben analizar con cuidado la hipótesis de obtener planes de salud. Para quien tiene tres o más hijos sin antecedentes familiares de enfermedades graves, no es buen negocio pagar planes de salud completos[18] para toda la familia, pues gastará mucho más en el año de lo que gastaría pagando consultas y buenos médicos, y exámenes en buenos laboratorios para todos. La probabilidad de que todos se enfermen al mismo tiempo es ínfima. Por eso, la mejor solución es contratar solo planes hospitalarios, mucho más baratos, que cubren accidentes y hospitalizaciones.

Lo mismo vale para las familias que tienen más de cuatro automóviles. Es necesario hacer cuentas para ver si no gastan más con el seguro anual

---

18. Incluyendo consultas, laboratorios y tratamientos.

que con la compra de un automóvil nuevo en caso de robo o accidente. Lo correcto es negociar un seguro único para la «flota».

Con los planes de accidentes y con los de la educación ocurre lo mismo. El banco o la aseguradora harán exactamente lo que ustedes deberían hacer si fuesen disciplinados: aplicarán su dinero en inversiones seguras, como títulos públicos de gobierno. Como la empresa está siendo contratada para prestarles un servicio, ustedes perderán una parte de la rentabilidad total para pagar las tasas de administración y cargas de esos planes.

Por otro lado, si la familia no tiene un planeamiento financiero con metas para la jubilación y regularidad en las aplicaciones, debe contratar un plan de emergencias privado. Si los padres no forman una reserva para la educación de los hijos, harán un buen negocio al contratar un plan específico de educación.

• Sugerencias sobre cómo gastar menos con los hijos

Es necesario tener siempre pendiente que los gastos con los hijos tienden a aumentar año tras año hasta la universidad. Hay un pequeño aumento de gastos cuando entran a la educación preescolar, con la demanda de materiales de arte y educación para uso en la escuela y en casa. Más tarde, hay otro aumento cuando comienza la escuela primaria. Con una demanda mayor de libros, revistas y juegos. En esa etapa aumenta también la vida social del niño, y comienzan a demandar actividades de esparcimiento paralelas a la escuela. Con la adolescencia vienen otras demandas y pasatiempos, ropa de moda, pequeños viajes y «fiestitas».

Los gastos son inevitables, pero gran parte son motivados más por los padres que por los hijos. Lo importante es invertir en los hijos de forma racional y organizada, siguiendo algunos principios que también ellos conozcan y entiendan. Las sugerencias a continuación son muy valiosas para orientar el uso del salario de la familia:

Jamás les presenten las golosinas del mundo a sus hijos. Llegará el momento en que ellos mismos las descubrirán y se las pedirán. Con mucha tristeza veo padres y madres que llevan bebés a lugares de comidas poco sanas, y les ofrecen a sus hijos refrescos y papas fritas. Es solo para que prueben, ¿no es verdad? Sí, pero esas «probaditas» despiertan el paladar a alimentos y hábitos reconocidamente poco saludables y que además son muy caros. Dejen que sus hijos desarrollen el propio gusto por las cosas. Será mucho más gratificante premiarlos con una visita a un lugar que estén locos por visitar, que atiborrarlos con novedades inútiles a una edad en que no eligen basándose en marcas y etiquetas.

Establezcan reglas de consumo en cuanto a productos caros o poco saludables. Comenté recientemente con unos amigos que, cuando era niño, tomábamos refresco solo los domingos, en casa del abuelo. Lo más impresionante: dos botellas de un litro ¡eran suficientes para toda la familia! Incentivar a los niños a consumir dulces, golosinas y alimentos inadecuados sin regla alguna es estimular un consumismo enfermizo e innecesario, fruto de padres que consienten a sus hijos.

Establezcan reglas para ir de compras con los niños. Es impresionante la frecuencia de la presencia de niños mimados en tiendas y supermercados. Son verdaderos tiranos del consumo, poniendo a los padres contra la pared y forzándolos a llevar a casa lo que quieren. Ciertas reglas deben ser establecidas desde el principio. Las compras no son para traer regalos a casa, porque los regalos se dan en fechas festivas. Es importante que el niño tenga noción de eso, pues aprenderá a elegir con criterio los regalos que desea y a valorizarlos mucho más. Si es necesario negociar, que sea un helado, y no un juguete.

No abusen de las novedades tecnológicas. Dar regalos caros cuando el niño no lo espera tiene como único efecto estimular las ganas de recibir regalos todavía más caros en la próxima oportunidad. Para un niño de 3 años, recibir un autito con control remoto puede ser tan bueno como recibir una pelota o unos patines. No es ningún pecado regalarle a un hijo un autito de plástico comprado en el mercadito, si ese es el regalo que lo hace feliz.

El supermercado no es un lugar para los niños, a menos que ellos muestren que se saben comportar en un lugar de tantas tentaciones. La técnica de comprar con una lista no funciona cuando tenemos un niño al lado que parte nuestro corazón con aquella expresión de «lo quiero tanto». Las envolturas están hechas para crear ese efecto. Convencer a un niño de lo que entra o no entra en un presupuesto es difícil, por lo tanto lo mejor será dejarlo con alguien.

- *Enseñen con el ejemplo: El comportamiento financiero de los padres*

Algunos invierten en inmuebles porque oyeron hablar que es seguro. Otros no invierten en acciones porque un pariente ya perdió mucho dinero con ellas. Muchos gastan más de lo que pueden en la compra de un automóvil porque sus amigos tienen automóviles de ese estilo (¿no estarán también ahogados en deudas?). Lo que quiero decir es que muchas de las decisiones que tomamos en relación al dinero vienen de hábitos, no siempre saludables, que imitamos de la mayoría de las personas que conocemos.

Eso sería perfecto si estuviéramos rodeados de millonarios. Pero esto no es así en América Latina. El mismo tío que te aconseja comprar casa propia por seguridad puede ser uno más del equipo de personas que sufrieron con la caída del estilo de vida en la vejez, dependiendo de los hijos para pagar tratamientos de salud. Si la vejez con dificultades financieras afecta a la mayoría de las personas, ¿por qué seguimos tan fielmente las recomendaciones financieras de quienes no son especialistas en obtener riqueza?

Puesto que el planeamiento financiero es racional, el proceso de educación financiera es bastante simple. La verdad es que me molesta el hecho de que no sea obligatoria la disciplina de la educación financiera en la enseñanza media de las escuelas en América Latina. Al final, la falta de ahorro es el origen de muchos problemas familiares, así como el no tener buen crédito y los intereses elevados. La construcción de naciones ricas depende de la capacidad de sus ciudadanos para enriquecerse. ¿Por qué, entonces, no incluir la educación financiera en el currículo básico en la formación de los ciudadanos?

Ya que la materia no se enseña en la escuela, en casa los papás deben discutir francamente con los hijos las decisiones sobre el dinero, las inversiones y los planes para el futuro, por ejemplo: «Estamos renunciando a cosas que nos gustaría tener ahora, para tenerlas el año próximo, con el fin de no tener problemas con las cuentas». La conquista de un lujo debe ser conmemorada: «Valió la pena ahorrar dinero durante un año, pagamos mucho menos por ese televisor que si lo hubiéramos comprado a crédito». También deben enseñar con el ejemplo. No sirve de nada exigir a los niños que guarden dinero en su alcancía si los padres no tienen la suya, aun cuando acumulen menos que los hijos. No sirve de nada pedirles que economicen energía eléctrica si los padres dejan las luces encendidas en toda la casa.

Una buena oportunidad de estimular a los hijos a tener buena relación con el dinero es llevarlos de compras y, cuando hacen un pedido, darles algunos billetes para comprar lo que deseen, dejando claro que no podrán pedir nada más. Muy probablemente ustedes notarán que el dinero dado a los hijos estará intacto al final de las compras, quizá guardado para comprar algo más valioso en el futuro. Esa es la lección financiera fundamental: que existe un costo de oportunidad en el dinero. Y ellos aprenden solos, sin necesidad de calculadora.

Preste mucha atención a la igualdad financiera. A la hora de regalar, tal vez uno de los hijos quiera algo que cueste menos de la mitad del regalo que el otro desea: ¿uno quiere una pelota de plástico y el otro un autito con control remoto? Eviten tal discrepancia, pues al ir creciendo la noción de valor se irá refinando y esas diferencias pueden crear la impresión de injusticia o de preferencia arbitraria por uno de los dos hermanos. La igualdad de valores percibidos es importante para evitar reclamaciones en el futuro.

A primera vista puede parecer muy difícil lidiar con tantas variables. Pero acuérdese: es una cuestión de malos hábitos en relación al dinero. Cuanto más hable la pareja sobre asuntos financieros y el valor intrínseco[19] de los bienes adquiridos, más naturales se volverán sus decisiones en términos financieros. La riqueza también es una cuestión de hábito.

• La educación financiera de los hijos

Otra forma de incentivar la educación financiera es a través de prácticas cotidianas, es decir, situaciones en que participen día a día los adultos. Eso les gusta a los niños. Al enseñar finanzas con fórmulas de matemáticas financieras, mecánica de intereses y simulaciones numéricas se corre el riesgo de cultivar aversión a las finanzas en la cabeza de los niños.

Por eso, tengan cuidado de respetar cierto orden en las herramientas de enseñanza que permiten despertar el interés de los niños. La educación financiera puede comenzar con juegos que involucren decisiones de compra y acumulación de dinero. Un clásico juego de ese tipo es el Monopolio.[20] Los papás pueden facilitarles a los hijos la percepción de los aspectos financieros del juego con comentarios de tipo: «Es igualito en la vida real», o «Su abuelo se hizo muy rico así, acumulando dinero e invirtiendo en inmuebles».

El segundo paso en la educación financiera sería permitirles a los hijos imitar a los adultos en situaciones en que haya que elegir y comprar con recursos limitados, por ejemplo, pedirles ayuda a los hijos para hacer el presupuesto de una fiestita de fin de semana o de las próximas vacaciones. La etapa siguiente sería estimular la responsabilidad personal. Tal vez ese

---

19. El valor intrínseco es un concepto económico que va más allá del precio, y que implica también el beneficio que el bien trae al que lo usa. Cuanto más deseado sea el bien, mayor será su valor intrínseco.

20. Versión en español del juego americano *Monopoly*, que representa decenas de variantes sobre el mismo tema.

sea el mayor objetivo al proponer una mesada a los hijos. Ellos aprenderán bastante cuando perciban que sus recursos son limitados.

Finalmente, tenemos la participación del niño —en este caso sería del adolescente— en las decisiones sobre el presupuesto de toda la familia. Verificar mensualmente los costos de la casa y revisar algunas cuentas de ahorro para ciertos objetivos, como un viaje, proporcionan excelente aprendizaje sobre las finanzas para obtener una vida independiente. Cuando ese punto se alcanza, probablemente habrá interés suficiente para asistir a un curso de matemática financiera y planeamiento financiero personal.

• *¿Deben saber los hijos el presupuesto de la familia?*

Cuando afirmo que es deber de los padres discutir francamente el tema del dinero delante de los hijos, es necesario tomar cuidado con dos asuntos delicados: *salario* y *ahorro*. El peligro en ese caso está en lo grande que pueden parecer esos números. Para un niño cuyo deseo de consumo es un helado, $1.00 es mucho dinero, y ganar monedas es una verdadera realización. Mientras ese niño no lidie con patrones de consumo equivalentes a los de un adulto —comprando su propia ropa, por ejemplo—, su percepción del salario puede ser bastante distorsionada. Él imagina que los papás ganan algunos puñados de esas monedas que le regalan.

Por eso, decirle a un niño que su papá gana, por ejemplo, $1,000.00 al mes puede generar consecuencias bastante indeseables. Es un salario inmenso para un niño, aun cuando ese valor esté por debajo del mínimo necesario para sustentar a una familia de forma adecuada. En su inocente percepción, esa es una fuente infinita de recursos, motivo que lo hace percibir a su padre como un tremendo avaro, que tiene dinero pero que no le da regalos. Puede ser motivo también de pláticas y «presunciones» frente a los amiguitos, que pueden llegar a oídos de otros papás.

Cuando yo era pequeño, pensaba que mi papá ganaba mucho dinero, después de todo teníamos dos automóviles y pasábamos la Navidad con todos reunidos en casa. Los regalos no eran frecuentes, pero nunca faltaron ni en mi cumpleaños ni en la Navidad. Con el tiempo, descubrí que él ganaba mucho más de lo que yo me imaginaba, pero mucho menos de lo que necesitaba para ofrecer a los hijos el estilo de vida que le hubiera gustado. ¿Cómo mantenía ese secreto? Al hacer la fatídica pregunta de cuanto ganaba mi papá yo escuchaba: «Es secreto de estado». Una respuesta definitiva, ¡principalmente en la época del gobierno militar!

Por las mismas razones, no se debe discutir sobre el ahorro de la familia ni el planeamiento para la independencia financiera mientras el niño no tenga la madurez para entender conceptos como jubilación y expectativa de vida. En verdad, no existen motivos para exponer ese asunto a los hijos, para evitar falsas expectativas. El mejor momento para saber que hay una buena herencia es cuando ya no se necesita de ella. Antes de eso, hay grandes posibilidades de acabar con el patrimonio familiar.

Otra fuente de interpretaciones indebidas es el uso de cheques y tarjetas de crédito. Para niños mal orientados, queda la impresión de que basta hacer un cheque o entregar una tarjeta para comprar cualquier cosa de cualquier valor. Tres lecciones simples evitan ese tipo de problema.

1. En casa, busquen la oportunidad de explicar cómo funcionan los cheques y las tarjetas de crédito: «Hoy vamos a usar la chequera porque guardamos un dinerito en el banco».

2. En la tienda, déjenle bien claro al niño que están haciendo un cheque porque tienen ese dinero en el banco y, cuando el de la tienda presente el cheque al cajero del banco, va a recibir el dinero que ustedes depositaron allá.

3. Cuando usen la tarjeta de crédito, expliquen que ustedes tienen un acuerdo con el banco que no les permite gastar más que cierto valor, en ese caso, el límite de crédito (cuyo valor no debe ser revelado). Si el niño pregunta sobre el valor real, digan que es mucho menos de lo que ustedes ganan.

Queda entonces la duda: Si no es conveniente revelarles las cantidades a los hijos, ¿cómo enseñarles planeamiento financiero y presupuesto doméstico? Sugiero que se aprovechen proyectos familiares específicos para poner en práctica la educación financiera, como en el siguiente ejemplo:

Al planear las vacaciones escolares, es posible y recomendable abrir la discusión para todos los miembros de la familia que ya sepan matemáticas básicas. Con algunos meses de anticipación, puede crearse la expectativa de un viaje de vacaciones. Después de investigar los costos, los padres preparan una relación de cuánto gastarán en la gasolina y el peaje (o pasajes y otros gastos relacionados al viaje), alimentación, diversión y, si fuera el caso, hospedaje. Pueden estar seguros de que los niños se interesarán por esos números, después de todo son sumas grandes para sus estilos de consumo. Calculen cuánto deben ahorrar por mes para conseguir los fondos para pagar el viaje. Cuenten con los intereses de alguna aplicación para demostrar que guardaron menos de lo necesario, ya que el banco pagará una parte de las vacaciones. Aquí se presenta una oportunidad para explicar cómo funcionan los bancos. Algunos meses después de la primera clase, preparen una planilla que muestre cuánto ahorraron y cuánto recibieron de intereses. Festejen juntos cuando alcancen las metas que posibilitarán el viaje.

Con eso, los niños aprenderán conceptos que, para ellos, son completamente nuevos como intereses, presupuestos, planeamiento e inversiones. Y lo mejor de todo es que lo hacen sin tener que *estudiar* el asunto.

• Cómo tratar con la mesada

Cuanto mayores sean las actividades sociales de un pequeño, tanto mayor será la necesidad de una caja chica para pagar diversas cuentas. Esa es una demanda que surge del propio grupo social del niño: si todos van juntos al centro comercial a ver una película, normalmente el dinero de la entrada no es suficiente. Siempre se gasta en algún dulce o accesorio de moda. Si su hijo no acompaña los hábitos del grupo, podrá sentirse fuera de lugar.

Si no lleva una vida social intensa —si el niño, por ejemplo, forma parte de un grupo de actividades regulares, como un equipo deportivo o de un grupo de danza—, la demanda de dinero extra no será regular. Las prioridades del grupo son otras.

Conceder o no mesada es una opción que debe ser discutida, preferentemente, entre padres e hijos. Casi siempre la idea de la mesada parte de los hijos, inspirada en el ejemplo de sus compañeros de escuela. Una alternativa es proponerles que pidan los recursos necesarios para atender sus necesidades de consumo. Es saludable que, en ese momento se proponga un límite semanal de valores, discutido de acuerdo con las necesidades del chico y con la aprobación de los padres a cada compra. De esa manera estará aprendiendo el concepto del *crédito*.

Con el tiempo, esas necesidades pasarán a ser más frecuentes, trayendo impactos mayores sobre el presupuesto. En ese momento, los padres pueden proponer una mesada para que el niño decida, a su entender, cómo gastar ese dinero. El nuevo concepto aprendido es el de la *responsabilidad financiera*.

El valor de esa mesada debe ser decidido basándose en un presupuesto. El ideal es que todos se sienten y discutan lo que a los hijos les gustaría hacer si tuviesen dinero propio. Es necesario mencionar todo, como golosinas, comidas fuera de casa, accesorios de moda, cine, paseos con los amigos y compra de revistas, entre otros gastos. Dependiendo del grado de independencia que los padres les ofrezcan a los hijos, también puede incluirse compra de ropa, costo de actividades de esparcimiento y decoración de su cuarto. Hecho el presupuesto, se debe negociar un corte en esos gastos. La mesada no debe pagar todo lo que los hijos deseen comprar. Tienen que entender que el presupuesto es limitado y que también los padres tienen que elegir dejar para después algunas compras para obtener otras cosas. Si los hijos quieren comprar golosinas en la escuela y los padres pueden pagarlas, es conveniente poner límites, incluyendo en el presupuesto tres golosinas por semana, por ejemplo.

Es más fácil orientar a los hijos en los aspectos financieros si la frecuencia de la mesada no es tan corta. En lugar de una cantidad semanal, puede dar mejores resultados cada dos semanas. La razón de eso es que la noción de tiempo es diferente conforme a la edad. Para los niños, el tiempo tarda mucho en pasar. Si se encuentran en aprietos al final de la quincena por haberse gastado todo el estipendio, van a aprender la lección y la pondrán en práctica los siguientes quince días.

La forma en que los padres tratan con la mesada puede ser la mejor estrategia de educación financiera. Y nunca deben utilizarla como un elemento de castigo: «¡Si no pasas de año, pierdes la mesada!» Al contrario, debe ser considerada como un instrumento de inclusión del niño en el planeamiento de la familia: «No podemos aumentar tu mesada porque ese es el valor que establecimos en nuestro presupuesto, pero si sacas buenas notas, recibirás un bono cuando papá y mamá reciban el aguinaldo por su trabajo». Si es malo utilizar la mesada como castigo, es perfecta como parte de una recompensa.

También se debe dejar bien claro que la mesada es un recurso para costear los antojos y la vida social del pequeño. Por ejemplo, no es una buena práctica aumentar la mesada para que el niño compre sus propios libros escolares. Él entiende que los padres son responsables de su educación, ya que no fue él quien eligió ir a la escuela. Esa situación puede cambiar en la universidad. Cuando sea adolescente probablemente entenderá con mayor claridad los conceptos de presupuesto, planeación y responsabilidad financiera.

Una ocasión interesante para una enseñanza más sobre finanzas ocurre cuando el hijo quiere ropa, un juguete o un juego caro. Se lo merece, pero no hay una ocasión especial que justifique el regalo. Este es un caso típico en que podría usar su mesada, pero el dinero que él tiene no es suficiente para la compra. Hay dos posibles lecciones alternativas por enseñar:

Cómo opera un préstamo. Si el precio del objeto deseado es apenas un poco más de la cantidad de dinero que tiene el niño, se le puede proponer completarlo, quitando ese valor de la próxima mesada e *incluyendo obligatoriamente algún interés por el préstamo*. Ese interés debe ser propuesto en valores. «Yo te presto $10.00, pero para la próxima mesada recibirás $11.00 menos», por ejemplo, cuando los niños todavía no aprenden matemática financiera. El niño debe entender que si necesita usar el dinero de otros, tendrá que pagar una tasa por eso. Los intereses no deben ser justificados como multa y sí como una renta paga por el uso del dinero que no tiene.

La forma de ahorrar. Otra alternativa más interesante es enseñarle a invertir. Premien la perseverancia en busca de un objetivo. Digamos que su hijo les pide un juguete de $50.00. Propónganle que guarde $10.00 por cuatro semanas y que ustedes completarán los otros $10.00 para comprar el juguete. No se olviden de explicar que el banco funciona exactamente así: cuando la familia quiere comprar un automóvil, guarda dinero en el banco para pagar menos de lo que vale, ya que el banco, al pagar intereses, va a contribuir en el desembolso de parte de ese valor.

• Dinero en la adolescencia

La adolescencia es una etapa complicada que trae nuevos desafíos financieros a los padres. Es la edad en que los hijos gastan más. Aumentan los precios de la mensualidad escolar, del material didáctico, de los regalos y de los hábitos de esparcimiento. El adolescente siente más necesidad de formar parte de un grupo, y surgen demandas de mayores gastos relacionados a modas y a cosas caras. El adolescente, en su eterna busca de libertad, piensa más en viajes y paseos. Por un capricho de la naturaleza —o de nuestra sociedad—, esa etapa del presupuesto que exige más gastos coincide con la época en que los padres comienzan a considerar disminuir el ritmo de trabajo. Es un drama, pues los conflictos de la adolescencia coinciden con las neurosis de la madurez.

Administrar esos conflictos es un desafío, por eso los papás necesitan estar conscientes de las necesidades de sus hijos. Si la mesada es una práctica, deben volver a hablar periódicamente (tal vez cada semestre o año) sobre las necesidades de los hijos, y establecer un valor adecuado a sus demandas personales. Comiencen a preparar a sus hijos para la independencia. Sugiero que, en la medida en que busquen mayor autonomía, ustedes les ofrezcan una mesada más alta para que ellos mismos asuman sus gastos y administren su educación, diversiones y alimentación fuera de casa.

Algunos padres temen confiar los recursos a sus hijos adolescentes por temor de que cometan locuras impensadas, como gastar más de la cuenta con pasatiempos, salidas y fiestas. Ese razonamiento es errado, pues no es la disponibilidad de dinero lo que lleva a un joven a cometer tonterías, y sí la falta de orientación o de confianza en sus padres.

Tal vez la oportunidad de darle al joven un voto de confianza en su responsabilidad facilite el paso de la complicada etapa de la adolescencia. Si tienen las posibilidades, los padres podrán garantizar casa, comida y estudios, por ejemplo. Y una mesada ayudará al joven a cubrir sus gastos personales, cada vez más grandes. La propia búsqueda natural de sueños mayores de consumo será un incentivo para que el joven trace su plan personal de estudio y trabajo.

Pocos son los jóvenes que no se angustian cuando llega el momento de decidirse por una carrera o cuando se ven obligados a optar entre trabajo y estudio. Las limitaciones financieras definitivamente ejercen influencia en esas decisiones, y no siempre de forma favorable. Es sensato decidir trabajar y atrasar algunos meses o años el sueño de seguir estudiando cuando la familia no tiene condiciones para pagar los gastos universitarios. Esa dolorosa decisión tiene un aspecto positivo que es el de permitirle al joven mayor madurez en la selección de una carrera. Pero no es bueno escoger determinada carrera basándose en razones financieras: «Seré médico porque ganaré más». Esa es la peor tontería. Los profesionales mediocres y sin motivación jamás alcanzan el éxito en profesiones de alto nivel. Por otro lado, los profesionales apasionados por su trabajo logran que el éxito los persiga. La mejor recomendación para los jóvenes es seguir su corazón, y no el dinero, a la hora de escoger una profesión. El dinero vendrá atrás, con certeza.

• Niños y jóvenes con problemas financieros

Cuando se utiliza mal, un buen instrumento de aprendizaje puede generar efectos contrarios a los esperados. La mesada, además de costear la independencia de los hijos, debe servir como experiencia para que aprendan a disciplinarse en relación al dinero. Por eso sugerí que, después de hablar identificando los gastos semanales de los hijos, haya una negociación y se proponga un valor para esa mesada un poco inferior a lo que sería el ideal de los hijos. La vida está hecha de decisiones, y ustedes deben darles la oportunidad de comenzar a escoger su consumo en razón de las restricciones en su presupuesto.

Una de las lecciones propuestas fue la del préstamo. Cuando el dinero de la mesada es insuficiente, es una buena enseñanza prestar dinero con intereses. Pero, si el niño no entiende la desventaja de pagar intereses y comienza a entrar en números rojos en forma recurrente, será hora de suspender la práctica del préstamo y cambiar de lección.

Una forma muy sencilla de aprender a disciplinarse en relación al salario es el uso de un sistema de sobres para cada necesidad. Si perciben que su hijo tiende a tener problemas financieros frecuentes, oriéntenlo, en el momento de recibir su mesada, a dividir el dinero en sobres específicos para cada gasto principal: un sobre para las fiestas, otro para sus comidas, y otro más para comprar ropa, libros y así sucesivamente.

A medida que usa el dinero de cada sobre, el simple hecho de notar que se está acabando evitará que el joven exagere en los gastos, disciplinándolo en relación al presupuesto. Cuando el dinero de un sobre se acaba, significa que no podrá hacer ningún gasto de ese tipo hasta la próxima mesada.

Los resultados son fantásticos. El mismo mecanismo vale también para desarrollar la disciplina financiera en familias de ingresos bajos, de menos de dos salarios mínimos por miembro de familia, en mi opinión. El día de pago, todo el dinero recibido se debe dividir en sobres. En la medida de lo posible, uno de ellos debe dedicarse al fondo de reserva para formar un ahorro para el futuro.

Parte 3

Un futuro juntos más rico

Capítulo 6

Cómo enfrentar los asuntos imprevistos

Cómo enfrentar los asuntos imprevistos

El planeamiento conduce a un futuro más tranquilo. Pero seguramente algunos lectores se preguntarán: «¿Cómo pensar en el futuro si, en el presente, estamos en números rojos?» No quiero crear la ilusión de que un buen planeamiento financiero eliminará los problemas de su vida. Las cosas imprevistas ocurren. Puede surgir alguna enfermedad grave en la familia, un accidente que incapacite a alguien para trabajar, o la quiebra de contratos de gobierno en relación a la jubilación, entre otras cosas. Esperemos que esas cosas no les ocurran a ustedes, pero en la vida pasan cosas imprevistas.

Cualquiera que sea el tipo de imprevisión que surja, la familia que tiene reservas financieras la pasará mejor. El problema puede exigir el uso de esas reservas. En algunos casos, eso hará que el sueño de la independencia financiera se retrase por muchos años. Pero será una tranquilidad en medio de la tempestad, pues la preocupación de la familia se centrará en el problema, y no en la falta de dinero para costearlo.

Tengan cuidado al elegir cuando haya necesidad de usar sus fondos de reserva. Jamás contraigan deudas si tienen recursos ahorrados. Pueden estar seguros de que los intereses de las deudas serán mayores que los que dejarán de ganar al retirar las inversiones. Lo más sensato es usar el ahorro y pensar en la manera de reponerlo en los meses siguientes. Mejor: ¡Háganse un préstamo a sí mismos! Vean cómo funciona:

Digamos que necesitan urgentemente recursos con valor de $10,000.00 y que esos recursos están aplicados a un fondo de inversiones que da, después de descontar el impuesto a la renta, 1% al mes.

Si ustedes pidieran ese préstamo al banco (préstamo personal) por dos años, a un interés de 3% al mes, pagarían 24 pagos de $590.50, totalizando $14,172.00.

Si dejaran los $10,000.00 en la aplicación, ganarían en ese período, $2,697.00, totalizando $12,697.00.

Lo mejor, por lo tanto, es sacar los $10,000.00 de la aplicación y pagarse a ustedes mismos el valor de las prestaciones que pagarían al banco. ¡El resultado será fantástico!

El problema ocurre cuando no hay reservas o cuando se acaban. En ese caso no hay remedio, es hora de recurrir a los financiamientos para evitar soluciones dramáticas, como sacar a un hijo de la escuela particular, abandonar los estudios o grandes proyectos de vida.

• *Alternativas de financiamiento*

A la hora de pedir dinero prestado, existe cierta jerarquía en las tasas de interés que necesitan atender. Muchas de las alternativas disponibles deben ser completamente descartadas, pues existen otras mejores. Vean en la escala de posibles formas de financiamiento para individuos, desde las más caras a las más baratas del mercado:

Usureros: Nunca recurran a usureros para saldar deudas, pues además de pagar los intereses más altos del mercado existe el riesgo de, en una eventual dificultad de pagar el préstamo, sufrir las prácticas criminales de cobro, como amenazas y toma aleatoria de bienes. En general, las personas recurren a los usureros en dos situaciones: cuando no hay alternativa o cuando tienen vergüenza de negociar seriamente con su banco. La primera hipótesis solo podrá evitarse con planeamiento y negociaciones antes de que la bomba estalle. La segunda situación requiere carácter para enfrentar los problemas y dar mayor valor al dinero propio.

Compañías financieras: Son las villanas legales del mercado financiero. Las tasas que cobran son las más altas entre todas las opciones de préstamo, superando a las tarjetas de crédito o préstamos especiales de la mayoría de las instituciones. No hay mala fe en ese nivel de tasa de intereses, pues las financieras sirven para socorrer a personas que no tienen crédito o ya agotaron sus límites de crédito. Como ese tipo de público ofrece mayor riesgo de insolvencia, las tasas cobradas deben ser mayores para cubrir el riesgo. El lado malo de ese tipo de compañía es la agresividad comercial, que explota la ingenuidad y la falta de información de sus clientes. Los préstamos son vendidos como «dinero fácil», sin una presentación clara de los intereses cobrados. Muchas de las personas que utilizan actualmente los servicios de compañías financieras podrían obtener préstamos con intereses más bajos en sus bancos, pero desconocen ese hecho. Sucumben a los llamados del mercadeo de las financieras porque son literalmente capturados en las calles o en la puerta de su local de trabajo. ¡Huyan de ellas!

Tarjetas de crédito: La regla número uno de las tarjetas de crédito es jamás pagar la cantidad parcial de la factura. Los elevados intereses hacen prohibitivo su uso como forma de financiamiento. Las tarjetas de crédito son instrumentos de organización financiera, y la gran ventaja de su uso está en la concentración de pago de las cuentas enseguida que se recibe el salario. Si ustedes no tienen dinero para pagar la factura de la tarjeta, en la peor de las hipótesis telefoneen al gerente del banco solicitando un préstamo personal. Costará mucho menos.

Cheque especial: Cuidado con la tentación que su banco le ofrece con ese producto. Somos adulados con cartitas firmadas por el director del banco, que nos saluda como clientes especiales y nos invita a que usemos ese cheque. Por tratarse de un crédito ofrecido a clientes que no cuidan bien su dinero, los intereses ocultos son elevados. Es un tipo de recurso que no le da ganancias al banco si no se usa. Cuando lo usamos, acabamos pagando por el tiempo durante el cual otros clientes dejaron de usarlo. Todo cliente que tiene acceso al cheque especial, es de cierta forma, también especial, pues mantiene una buena relación con su banco, lo que justifica ese crédito. Por la misma razón, no tendrá problemas en obtener un préstamo personal, que siempre costará mucho menos que el cheque especial.

Crédito directo al consumidor: El crédito directo al consumidor es el tipo de financiamiento practicado por las instituciones financieras a través de grandes redes mayoristas, como tiendas grandes que venden todo tipo de artículo incluyendo electrodomésticos. Ustedes ya deben estar conscientes de que estoy radicalmente opuesto a la compra a plazos, pues los financiamientos solo empobrecen a las familias. Cuando la compra de un electrodoméstico sea necesaria (el refrigerador se rompió) y las opciones de crédito más baratas se agotaron, el mejor negoció será entrar en un financiamiento que pagar con tarjeta de crédito y después tener que saldar la deuda con intereses altos.

Préstamo personal: Disponible para todos aquellos que tienen cuenta corriente en un banco. Normalmente, es necesario llenar una ficha de evaluación para verificar la línea de crédito, que es el límite de dinero que puede pedir prestado. Los intereses que se cobran no son bajos, pero son mucho menores que los del cheque especial. Es muy ingenuo utilizar la línea de crédito del cheque especial cuando se puede tener acceso a un préstamo personal pagando cerca de la mitad de los intereses. Las personas siguen ese camino por dos razones: es necesario tomar el teléfono para pedir un préstamo personal (con el cheque especial no hay que hacer nada), y hay cierta sensación de «intimidación» al telefonear al gerente para decirle que faltará dinero en la cuenta. («Qué vergüenza confesarle a mi gerente que no sé administrar mi dinero».) Esa es una gran tontería, pues la primera cosa que un gerente ve por la mañana en su computadora es la lista de clientes que comienzan el día en rojo.

Préstamo al trabajador (vinculado a la hoja de pago): Una forma interesante —o sea, menos cara— de crédito es el préstamo vinculado a la hoja de pago, que es un convenio entre bancos y empresas para favorecer a los empleados. Los intereses que se cobran dependen mucho del tamaño y de la relación bancaria de la empresa, pero son siempre mucho menores a los intereses de un préstamo personal. Lo que hace posible esos intereses ventajosos es la garantía que la empresa ofrece con el pago del salario del empleado. Cuando él recibe un préstamo, el banco es autorizado por la empresa a descontar las prestaciones de la deuda directamente del salario mensual del empleado, no corriendo el riesgo de insolvencia. Si el funcionario fuera despedido, la empresa asumirá la deuda. Como no necesita hacerse el trabajo de análisis de crédito (la empresa es quien lo hace) y como la garantía de recuperación es grande, el banco cobra intereses mucho menores para tales operaciones.

Anticipación de dinero extra: Todos los años hay dos oportunidades de pagar menos intereses por deudas acumuladas: la anticipación de la restitución del impuesto sobre la renta y la anticipación del aguinaldo. Los bancos les ofrecen a los trabajadores la oportunidad de recibir esos recursos con uno o dos meses de anticipación y les cobran intereses por ello. Igual que en el descuento en la hoja de pago, los intereses son reducidos, pues es difícil que el trabajador deje de recibir esos recursos. No dejan de ser préstamos como cualquier otro y deben ser evitados por aquellos que mantienen las cuentas en orden. Pero, para quien está con deudas de intereses más altos, esta es una buena oportunidad para pagar parte de la otra deuda y asumir un préstamo más barato.

Financiamiento de automóviles: Saldar una deuda o pagar la última prestación de un financiamiento grande —como el de un automóvil— da una sensación de bienestar, un gran alivio. Ese alivio, sin embargo, puede esconder grandes celadas si, para liquidar el automóvil, la familia cometió pequeños deslices que dieron inicio a una peligrosa bola de nieve de una deuda de cheque especial. Puede comenzar siendo una pequeña cantidad y volverse una fortuna en pocos meses. La sugerencia que hago a muchas familias endeudadas que tienen un automóvil ya pagado es que lo vendan para pagar la deuda inmediatamente y, si de verdad el automóvil fuera imprescindible y lo deben usar a diario, que compren otro, tal vez de menos valor, financiado. La estrategia de esa recomendación es pagar intereses mucho más bajos, pues el financiamiento de automóviles presenta una de las menores tasas de intereses del mercado. ¿Por qué? Es fácil: el automóvil le pertenece a la financiadora mientras el cliente no termine de pagar las prestaciones, no hay riesgo de perder el valor financiado.

Después de un mes de vacaciones muy especiales y sin ninguna preocupación en la cabeza, Mónica y Claudio se espantaron con la cuenta de la tarjeta de crédito. El total era alrededor de $3,000.00, prácticamente el mismo valor que tenían en un fondo de reserva. ¡Uf! ¡Se sintieron aliviados de retomar su ritmo de trabajo sin deudas! Pero surgieron gastos imprevistos: debilitado por la alimentación diferente durante las vacaciones, Claudio cayó en cama por algunos días. Él tenía seguro de salud, pero algunos exámenes y medicinas no entraban en la cobertura. Para empeorar las cosas, días después la pareja recibió por correo cuatro multas por exceso de velocidad, infracción cometida en el período de vacaciones. El tamaño de la deuda con los gastos imprevistos: $4,000.00. La pareja tenía buen crédito, lo que les garantizaba un préstamo personal a interés de 4% al mes. El gerente del banco les presentó la propuesta de un préstamo, sugiriendo pagar los $4,000.00 en veinte cuotas de $294.33. No parecía mucho, pero Mónica sugirió un camino mejor: vender su automóvil, un sedán con tres años de uso que valía $20,000.00, y comprar otro de menor precio que costaba $19,000.00. Fue lo que hicieron. Usaron el dinero recibido por la venta de la siguiente forma:

Pago de cuentas imprevistas	$	4,000.00
Entrada del nuevo automóvil	$	15,000.00
Documentos y licencias	$	1,000.00
Total	$	20,000.00

Los otros $4,000.00 del precio del automóvil fueron financiados en veinte meses, a un interés de 1.12% al mes, resultando en veinte pagos de $224.34. Comparen con el valor de las mensualidades del préstamo ofrecido por el banco y fíjense en el buen negocio: además de economizar $70.00 por mes en intereses, ¡Claudio y Mónica terminaron con automóvil nuevo!

Financiamiento inmobiliario: Cada cosa de lo que afirmo en relación a los financiamientos de automóviles vale para la casa propia. ¿Están con deudas en el financiamiento de la casa? Esta última pregunta puede parecer un sacrilegio en nuestra cultura, en la cual el sueño de la clase media es justamente la casa propia. Pero lean la historia a continuación y saquen sus conclusiones.

Paulo y Erica comenzaron su vida de casados como muchas otras parejas sueñan: una bella fiesta de bodas, apartamento amueblado y liquidado con la ayuda de los padres y padrinos, luna de miel en una paradisíaca playa del nordeste y ninguna deuda significativa. Pero el destino les reservó una prueba. Después de seis años trabajando para una empresa que le proporcionaba una buena entrada, buenas bonificaciones y promociones en su carrera, la organización cerró las puertas y Paulo se quedó sin empleo.

No parecía una gran tragedia, después de todo, él era un competente profesional. Por ser prestador de servicios, no fue indemnizado pero, como todos los meses guardaban algo de dinero, tenían un ahorro suficiente para mantener el hogar por lo menos durante seis meses. Pero el tiempo pasó y las oportunidades no aparecieron. Las cuentas no eran altas, pero rápidamente consumían los ahorros. La entrada de Erica no ayudaba mucho, pues todavía estaba en la universidad y recibía una beca que apenas cubría sus gastos con los libros del curso.

Ocho meses después, Paulo sin hallar empleo, ya no tenía ahorros y las deudas del cheque especial ya sumaban $5,000.00, creciendo a un interés de 8% al mes. Fue necesario tomar una decisión con rapidez: o Erica dejaba de estudiar o tendrían que deshacerse de algo de valor. La decisión fue sensata:

vender el apartamento, la tan soñada casa propia estaba por escapárseles de las manos. De los $120,000.00 que recibieron, usaron $10,000 para liquidar inmediatamente sus deudas y pagar la mudanza a un apartamento más pequeño, cuyo alquiler era $600.00 mensuales. Los $110,000.00 restantes fueron aplicados a un fondo de renta fija que rendía, sin descontar la inflación, cerca de 1% al mes ($1,100.00).

Cuando Paulo finalmente consiguió empleo, once meses después de haber perdido su trabajo en la empresa anterior, sus ahorros se habían reducido a cerca de $100,000.00. Un año después, las cuentas estaban al día, el plan de guardar dinero mensualmente fue retomado y el ahorro acumulado sumaba $128,000.00. Si no hubieran vendido el apartamento, probablemente habrían recurrido a financieras, tarjetas de crédito o hasta préstamos personales, y encontrarían dificultades para pagar esas deudas durante muchos meses, tal vez años. Aun con recursos suficientes para comprar un inmueble nuevo, resolvieron continuar en el apartamento alquilado. Al final, si el dinero del fondo de renta fija rendía más de $1,000.00 al mes, ¿por qué renunciar a eso a cambio de un alquiler de $600.00?

Préstamo familiar: Es el nombre técnico de los famosos «préstamos de padre a hijo», que no siempre ocurren entre padres e hijos, pueden hacerse entre amigos o parientes. Una alternativa posiblemente más económica cuando falta dinero es recurrir a alguna persona cercana, con quien se tenga una relación de confianza. Los refranes populares recomiendan distancia entre familia y negocios, o sea que esta es una alternativa disponible para pocos. Cuando no se aclara todo en detalle, el préstamo familiar puede convertirse en una bomba de tiempo lista para detonar entre la pareja y sus parientes. Pero, cuando se negocia bien y, principalmente, se pone por escrito, el préstamo familiar es un excelente negocio para las partes involucradas. Un pariente o amigo próximo puede sacar ventaja tanto para sí mismo como para aquel que necesita del dinero si tiene un ahorro disponible para prestar. Si se practicaran los intereses del mercado, es decir, si la tasa negociada para el préstamo fuera igual a la tasa de interés preferencial, se crearía una situación en que los intereses a pagar serán más bajos que en la mayoría de las opciones del mercado, al mismo tiempo que para quien los recibe, esos intereses serán superiores a la mayoría de las opciones disponibles en inversiones. Recuerden que, en el caso de pedir un préstamo, debe partir de ustedes la propuesta de poner en papel la operación como un contrato, aunque sea hecho en casa. Esta actitud será tan amable como la oferta de prestarles el dinero de parte de su conocido. Otra actitud que ayudará a preservar la calidad de la relación es mantener un contacto frecuente con la persona que les ha prestado el dinero, recordándole que están tomando cuidado en pagar el préstamo conforme lo prometieron.

Ahora vean cuánto estarían debiendo en doce meses, en cada opción, si pidieran un préstamo o entraran en un financiamiento de $1,000.00:

Tipo de crédito	Intereses medios practicados mensualmente	Valor de la deuda después de 12 meses
Financieras	12.99%	$4,329.92
Tarjetas de crédito	10.72%	$3,394.01
Cheque especial	7.95%	$2,504.22
Crédito directo al consumidor	4.83%	$1,761.27
Préstamo personal	4.50%	$1,695.88
Préstamo cooperativo	2.91%	$1,410.88
Préstamo trabajador	3.15%	$1,450.88
Anticipación de créditos	2.64%	$1,367.10
Financiamiento de automóvil	2.16%	$1,292.32
Financiamiento de inmueble	1.62%	$1,212.69
Préstamo de un familiar	1.24%	$1,159.38

Quiero dejar bien claro que, a pesar de las diferentes opciones de «dinero en la mano», ¡no estoy afirmando que los financiamientos sean buen negocio! Al comprar un automóvil financiado, a Claudio y a Mónica les fue bien porque dejaron de gastar $470.00 al mes en intereses, un ahorro de $1,400.00 en veinte meses. Pero los pagos de $224.34 suman

$4,486.80, un gasto total de $486.80 solamente en intereses. Lo ideal es huir de los financiamientos que solo empobrecen a las familias. Cuando no exista otra alternativa, siempre se debe optar por lo más barato. Una de las estrategias fundamentales en la reducción de pago de intereses es la sustitución de deudas. Siempre que puedan, pidan dinero prestado al menor interés para saldar —total o parcialmente— deudas más altas. Mucha gente hace exactamente lo contrario: recurre a usureros y entidades financieras (más caras) para «limpiar la ficha» en el banco (más barato). Ese es un grave error. El miedo de asumir «una deuda más» es una tontería, pues dos deudas de 10 son lo mismo que una deuda de 20. Si ustedes pueden pagar menos intereses en parte de sus deudas, ¡manos a la obra!

• Recurrir a fiadores

Una costumbre que generalmente trae muchos problemas en la relación de pareja y sus familiares es recurrir a fiadores para garantizar operaciones de préstamo o financiamiento. Esta situación, además de desagradable para quien es «invitado», trae escondido un riesgo significativo. Cuando el banco o la entidad financiera solicitan un fiador, significa que no tenemos recursos ni posesiones suficientes para garantizar el pago de la deuda. La institución financiera, por lo tanto, identificó un riesgo de insolvencia.

El fiador es la persona que irá a neutralizar ese riesgo ofreciendo, aun sin saberlo, sus bienes como garantía de la operación. Una vez que la operación entre el banco y el deudor es de crédito —el término viene del latín, de la palabra *confianza*— el banco está impedido por ley de obligar al deudor a pagar. Él pagaría si estuviera en condiciones, y el banco no podrá sacarlo de la casa propia para saldar la deuda. Si el cliente no paga, la culpa será del banco, que no supo evaluar el riesgo de crédito de la operación.

En el caso del fiador, no existe una operación de crédito, y sí un compromiso de pago. Si el fiador no tiene recursos para pagar la deuda del «buen» amigo, podrá ser hasta forzado a entregar al banco su casa para saldar el compromiso asumido y no cumplido por el otro. No hay propiamente un equilibrio de condiciones.

Como casi siempre se recurre a personas muy cercanas —padres y suegros o hermanos y cuñados— para este tipo de favor, cuando la bomba estalla, el efecto sucede en el propio hogar. Los problemas financieros de la pareja acaban afectando, hasta más gravemente, al resto de la familia. Por eso el uso de fiadores debe evitarse. Existen seguros de fianza ofrecidos generalmente por la propia institución de crédito que se prestan como fiadores. Se pagan intereses un poco más elevados para que el riesgo de insolvencia sea cubierto por una precaución extra de la operación. Este es el costo:

- De la falta de crédito.
- De la falta de planeamiento (¿Por qué comprar sin tener recursos?).
- De la garantía del bienestar familiar.

Capítulo 7

Inversiones: Cómo encontrar la mejor opción

Inversiones: Cómo encontrar la mejor opción

Invertir es el camino de la garantía y de un futuro mejor para aquello que se construyó hasta hoy. Es posible alcanzar un estilo de vida bastante superior al que tenemos ahora si usamos cuatro ingredientes fundamentales: tiempo, dinero, decisiones inteligentes e intereses compuestos. El **tiempo** y el **dinero** son los elementos básicos de la receta. Cuanto más tengan de uno de ellos, menos necesitarán del otro.

Si decidieron aplicar el dinero ahorrado en un fondo de renta fija que rinde 1% al mes, vean algunos posibles caminos para formar un ahorro de $100,000.00 en ese fondo:

Si hoy ustedes tienen	Acumularán $100.000,00 después de
$1,000.00	38 años y 7 meses
$5,000.00	25 años y 1 meses
$10,000.00	19 años y 3 meses
$20,000.00	13 años y 6 meses
$50,000.00	5 años y 10 meses

El tercer ingrediente de nuestra receta, las **decisiones inteligentes**, debe ser seleccionado con mucho cuidado. A lo largo del tiempo, la propensión de la pareja a aceptar riesgos en sus inversiones será menor. Este es un motivo más para comenzar enseguida y aprovechar oportunidades de inversiones de mejor resultado a largo plazo. Vean cómo en la tabla anterior cambia si, en vez de 1% al mes, ustedes escogen un fondo que pague 1.2% al mes:

Si hoy ustedes tienen	Acumularán $100.000,00 después de
$1,000.00	32 años y 2 meses
$5,000.00	20 años y 11 meses
$10,000.00	16 años y 1 mes
$20,000.00	11 años y 3 meses
$50,000.00	4 años y 10 meses

Noten que una diferencia aparentemente pequeña ¡puede representar varios años más para jubilarse! Tomar decisiones inteligentes significa tomar decisiones con fundamento, con conocimiento del asunto. Huyan de los «consejos insensatos» y traten de entender el funcionamiento de las opciones en la inversión que hayan elegido.

Se toman decisiones inteligentes cuando el inversionista sabe en qué está invirtiendo, qué riesgos ofrece la inversión, qué situaciones generan ganancias y cuáles son las que dan pérdidas y, principalmente, cuáles son las opciones más rentables del mercado para el tipo de inversión que eligieron. Las secciones de finanzas de los grandes periódicos —sí, aquellas secciones con páginas repletas de números bien chiquitos que ustedes ni siquiera miran— traen comparaciones diarias entre diversas inversiones ofrecidas por diferentes bancos del mercado. Definiciones de tipos de inversión (a corto y largo plazo), de renta fija o variable, de múltiples mercados, de fondos balanceados, de inversiones específicas para reducir el riesgo de otra inversión y otros se encuentran en diversos sitios de finanzas personales en Internet.

Lo importante es invertir en aquello que se conoce. Tal vez la libreta de ahorro sea una opción razonable para comenzar a ahorrar, pero solamente mientras ustedes no entiendan el funcionamiento de un fondo de inversiones o de un tipo de instrumento de deuda que no se asegura por medio de activos disponibles o bienes raíces. Busquen la información ¡no cuesta casi nada! Si no se sienten cómodos para invertir en una institución financiera, existen otras opciones. Incluso en el mercado inmobiliario solo gana dinero quien tiene información, y quien conoce el mercado y aprovecha las oportunidades, los buenos momentos de compra y venta. Quien no se informa no toma decisiones inteligentes.

Finalmente, el ingrediente que tiene más poder para generar efectos impresionantes sobre su riqueza: los **intereses compuestos**. En pocas palabras, los intereses compuestos se obtienen cuando es posible reinvertir los intereses ganados en una aplicación, generando en cada período una suma sobre el dinero que se invirtió y también sobre los intereses que se acumularon hasta entonces. El efecto de esa acumulación es muy interesante cuando se dispone de un plazo mayor o de intereses más altos. Vean lo que sucede con $1,000.00 cuando se aplican por diez años a diferentes tasas de interés:

Tasa de interés mensual	Ahorro obtenido
1.00%	$3,300.39
1.10%	$3,716.54
1.25%	$4,440.21
1.50%	$5,969.32
2.00%	$10,765.16
5.00%	$348,911.99
10.00%	$92,709,068.82

Noten que el doble de los intereses no forma el doble del ahorro, sino mucho más que eso. Es el fantástico efecto exponencial que proporciona una aceleración increíble de los gastos.

Al contrario de lo que muchos piensan, los intereses compuestos se pueden obtener en cualquier tipo de inversión, y no solo en aquellas que ofrecen los bancos.

Lo que no da intereses compuestos: Comprar un inmueble y alquilarlo. Eso no es invertir en inmuebles, y sí restringir sus ganancias. La entrada obtenida por el alquiler no se puede usar para comprar más inmuebles, por eso gran parte de esta generalmente se gasta. Si ustedes compran un inmueble de $50,000.00 y lo alquilan, no ganarán más de 0.8% del valor del inmueble ($400.00) al mes. Y continuarán siempre ganando ese valor, apenas corregido por la inflación. Su riqueza no crecerá.

Lo que da intereses compuestos: Aprovechar oportunidades de compra para generar lucro y entonces usar estas ganancias para buscar nuevas oportunidades. Eso es posible con cualquier bien negociable, inclusive inmuebles.

El gran ejemplo que tengo de intereses compuestos con inmuebles me lo proporcionó un ex alumno mío, José Renato. Cierto día llegó a clase —estábamos estudiando sobre el mercado financiero— y nos contó su éxito en inversiones con inmuebles. Un año antes, había retirado $50,000.00 de un buen fondo de acciones para aprovechar una gran oportunidad. Un corredor amigo de su padre le había ofrecido, por aquel valor, una casa de cerca de $70,000.00. Al vendedor le urgía, no había mucho tiempo para decidir. José Renato compró el inmueble e inmediatamente lo puso a la venta, pero sin la prisa del propietario anterior. Se vendió tres meses después en $65,000.00[21] y aplicó el dinero de vuelta al fondo de acciones. Dos meses después, el fondo no generaba buenos resultados, lo que llevó a José Renato a buscar al corredor que había negociado el inmueble tanto en la compra como en la venta. Un mes después, una nueva oportunidad: con los $65,000.00 compró un pequeño apartamento que fue revendido cuatro meses después en $75,000.00.

Entusiasmado con los resultados, José Renato se enfrascó en una intensa búsqueda de oportunidades. El día en que nos contaba su caso, acababa de adquirir de un heredero sin muchos conocimientos, con sus $75,000.00, una casa bien conservada, valuada por el corredor en $90,000.00. No sé cuánto

21. Ya descontados, impuestos y costos.

tiempo después la vendió. Pero su estrategia es digna de ser citada como ejemplo del buen uso de los intereses compuestos, pues José Renato transformó $50,000.00 en $90,000 en solo doce meses: ¡una rentabilidad acumulada de 80% en un año!

El cultivo de buenos contactos con corredores inmobiliarios traerá mayores oportunidades para aprovechar las ofertas del mercado inmobiliario. Es común encontrar inmuebles a precios bien por debajo del mercado, generalmente vendidos por personas impacientes, como herederos desinformados y gente con problemas financieros o necesidades de mudanza urgente. Con un poco de paciencia, es posible realizar márgenes de ganancia bien superiores a los que se obtendrían en el mercado financiero. Basta tener interés y buscar la información que abrirá las puertas para las oportunidades.

Ustedes son los que deben decidirse por la mejor inversión para su caso en base al acceso a informaciones o al placer que tendrán en administrar la aplicación elegida. Muchos no soportan entrar en una inmobiliaria. Otros no se sienten cómodos confiando sus recursos a los bancos. Son elecciones personales, que traerán más riqueza cuanto mayor sea el interés del inversionista en estar informado.

• *Cuánto ahorrar por mes*

Ya sea que opten por invertir en inmuebles o por cualquier otro activo negociable, será necesario juntar una primera base de recursos y después partir hacia la inversión elegida. Difícilmente encontrarán opciones de ahorro más prácticas que a través de inversiones en una institución financiera. Necesitarán de algún tiempo y de cierta disciplina. Si no ponen en práctica un plan, probablemente tardarán mucho más tiempo en alcanzar sus objetivos. Dos son los caminos que más siguen las personas que ahorran para alcanzar su objetivo en inversiones: el del valor mensual y el del porcentaje mensual.

El camino del valor mensual. Ustedes determinan una meta de ahorro para formar, establecen un plazo y, con base en la rentabilidad obtenida en las inversiones, llegan al valor mensual que debe ser ahorrado. Basándose en ese valor, su misión será «exprimir» todos los meses el presupuesto doméstico para que el ahorro realmente sobre cuando se paguen todos los gastos.

Los cálculos de cómo establecer esa estrategia pueden aprenderse en cualquier curso de matemática financiera. Para simplificarles el trabajo y economizarles tiempo, preparé una tabla bastante práctica que proporciona el valor mensual que debe ahorrarse para obtener una reserva de $100,000.00.

Es muy sencillo usarla. Vean el número subrayado en la tabla de la página siguiente. Si ustedes obtuvieran hoy en día 0.65% al mes de rentabilidad líquida y quisieran formar una reserva de $100,000.00 de aquí a veinte años, necesitan ahorrar todos los meses $174.04 en la misma inversión. Si la meta no fuera de $100,000.00, sino de $200,000.00, será necesario ahorrar exactamente el doble, o sea, $348.08. Si tienen prisa y no quieren esperar veinte años, sino solo diez, necesitan aplicar $552.73 al mes en la misma inversión.

Plazo en años tasa interés/mes	5	10	15	20	25	30	35	40
0.30%	1,523.66	693.55	419.80	285.11	206.00	154.65	119.11	93.41
0.35%	1,500.69	671.98	399.75	266.57	188.94	139.02	104.85	80.46
0.40%	1,477.97	650.91	380.41	248.96	173.00	124.67	92.00	69.03
0.45%	1,455.50	630.31	361.79	232.25	158.13	111.53	80.48	58.98
0.50%	1,433.28	610.21	343.86	216.43	144.30	99.55	70.19	50.21
0.55%	1,411.30	590.57	326.61	201.47	131.47	88.66	61.04	42.60
0.60%	1,389.57	571.42	310.05	187.35	119.59	78.79	52.93	36.01
0.65%	1,368.08	552.73	294.14	174.04	108.61	69.87	45.78	30.35
0.70%	1,346.84	534.52	278.89	161.50	98.50	61.84	39.50	25.50
0.75%	1,325.84	516.76	264.27	149.73	89.20	54.62	33.99	21.36
0.80%	1,305.08	499.46	250.27	138.67	80.66	48.16	29.19	17.85

0.85%	1,284.56	482.61	236.87	128.31	72.84	42.39	25.01	14.88
0.90%	1,264.28	466.20	224.07	118.61	65.69	37.24	21.39	12.37
0.95%	1,244.24	450.24	211.84	109.55	59.17	32.67	18.25	10.26
1.00%	1,224.44	434.71	200.17	101.09	53.22	28.61	15.55	8.50

Es imprescindible tener cuidado con dos cosas para el éxito del plan:

1. Saber cuál es la rentabilidad de su inversión: La tabla funciona con rentabilidad líquida, o sea, después del pago de impuesto sobre la renta y el descuento de la inflación. Verifiquen si la rentabilidad de la inversión que aparece en su estado de cuenta bancario incluye o no el impuesto a la renta ya pagado. Después de considerar el impuesto a la renta, deben sustraer la inflación mensual usando los índices más comunes del mercado o un índice propio de la inflación, basado en la variación de sus costos fijos mensuales.

2. Corregir el valor mensual por la inflación: Nunca se olviden de corregir periódicamente, debido a la inflación, el valor mensual que debe ahorrarse. Si no lo hacen, el dinero acumulado en el futuro será aquel que proyectaron, pero su capacidad de compra —es decir, el *valor* de ese dinero— será mucho menor. La misma inflación que usan para «limpiar» su tasa de interés debe ser usada para aumentar el valor mensual que debe ahorrarse.

Fíjense en la aplicación de esos dos ajustes en el siguiente ejemplo:

Ustedes deciden comenzar un proyecto de jubilación pensando en un aho-rro de $500,000.00 de aquí a 25 años. El fondo balanceado de ustedes viene presentando una rentabilidad media de 1.2% al mes después del descuento de impuestos, pero antes de descontar la inflación mensual. En base a una infla-ción promedio de 0.5% al mes, concluyen que la rentabilidad líquida del fondo es de 0.7% al mes (resultante de la rentabilidad promedio menos la inflación, o sea, 1.2% - 0.5% = 0.7%). Según la tabla, necesitarían aplicar $98.50 men-sualmente para obtener, de aquí a 25 años, un ahorro de $100,000.00 en su *fondo de inversiones. Como desean $500,000.00, necesitarían ahorrar cinco veces el número obtenido en la tabla, o sea, $492.50.*

Ese es el valor que ustedes han decidido ahorrar a partir de hoy, y comienzan en el primer día del plan. De aquí a un mes, el valor tendrá que ser corregido por la inflación. Suponiendo que esta sea de 0.5%, el valor a ser ahorrado será 0.5% mayor que el del mes anterior, o sea, $494.96. Manteniendo ese cuidado, de aquí a 25 años tendrán la cantidad de dinero suficiente para comprar lo mismo que comprarían hoy con $500,000.00. Si la rentabilidad en el fondo se mantuviera en 0.7%, tendrán una renta garantizada de 0.7% de los $500,000.00, o $3,500.00 limpios al mes.

El camino del porcentaje mensual. Ustedes determinan el porcentaje de renta mensual que van a ahorrar, sin plazo definido, hasta que alcancen la meta de recursos acumulados en las inversiones. Este camino es más utilizado por profesionales que tienen una entrada mensual bastante variada, como vendedores a comisión y profesionales autónomos.

Varios libros de planeamiento financiero personal dicen que es necesario ahorrar cierto porcentaje del ingreso, algo entre 10% y 15% de lo que se gana todos los meses. Estoy en contra de trabajar con números predefinidos, pues cada pareja tendrá limitaciones, plazos y sueños propios. Una pareja que tenga 50 años de edad, definitivamente no pretenderá esperar ochenta años más para volverse financieramente independiente. Una pareja joven y sin hijos muchas veces crea condiciones para ahorrar un porcentaje bastante significativo de su salario. Un ejemplo de eso es una pareja de amigos míos muy queridos, ambos con menos de 30 años de edad, sin hijos, que vive en un apartamento modesto pero cómodo, con un automóvil en el garaje y mucha disciplina en relación a las vacaciones. Ellos consiguen ahorrar mensualmente cerca de 60% de los $10,000.00 que ganan. ¿Exageran? No cuando la meta es conquistar la independencia financiera en apenas cinco años más.

La tabla de la siguiente página muestra el porcentaje de salario que es necesario ahorrar, sabiendo el plazo y los intereses líquidos obtenidos en las inversiones, para que, después de ese período, el ahorro total acumulado pase a generar una entrada equivalente a la que se tiene hoy.

Noten nuevamente la importancia de las decisiones inteligentes, de las buenas elecciones a la hora de seleccionar sus inversiones. Si ustedes se permitiesen veinte años de ahorro para la jubilación, esta podrá costar 95% de todo lo que ganan si el dinero fuera mal invertido (0.30% al mes) o solo 10.11% de su salario si, de forma agresiva y con un buenos planes, consiguen 1% al mes de rentabilidad.

Plazo en años / Tasa interés/mes	10	15	20	25	30	35	40
0.30%			95.00%	68.70%	51.50%	39.70%	31.10%
0.35%			76.10%	54.00%	39.70%	30.00%	22.99%
0.40%		95.10%	62.24%	43.25%	31.17%	23.00%	17.26%
0.45%		80.40%	51.61%	35.14%	24.79%	17.89%	13.11%
0.50%		68.77%	43.29%	28.86%	19.91%	14.04%	10.04%
0.55%		59.38%	36.63%	23.90%	16.12%	11.10%	7.75%
0.60%	95.24%	51.67%	31.23%	19.93%	13.13%	8.82%	6.00%
0.65%	85.04%	45.25%	26.78%	16.71%	10.75%	7.04%	4.67%
0.70%	76.36%	39.84%	23.07%	14.07%	8.83%	5.64%	3.64%
0.75%	68.90%	35.24%	19.96%	11.89%	7.28%	4.53%	2.85%
0.80%	62.43%	31.28%	17.33%	10.08%	6.02%	3.65%	2.23%
0.85%	56.78%	27.87%	15.10%	8.57%	4.99%	2.94%	1.75%
0.90%	51.80%	24.90%	13.18%	7.30%	4.14%	2.38%	1.38%
0.95%	47.39%	22.30%	11.53%	6.23%	3.44%	1.92%	1.08%
1.00%	43.47%	20.02%	10.11%	5.32%	2.86%	1.56%	0.85%

La tabla supone, de forma simplificada, que ustedes tendrán siempre el mismo salario, que conseguirán la misma tasa de intereses en sus inversiones y que, al jubilarse, mejorarán su estilo de vida, pasando a usufructuar los recursos antes utilizados para formar su ahorro. Pero su uso es fácil. Vean el ejemplo subrayado y acompañen mi razonamiento:

Digamos que hoy reciben un salario de $2,000.00 al mes, y que pretenden ahorrar durante treinta años, consiguiendo en los bancos intereses líquidos de 0.65% al mes. El objetivo es jubilarse y mantener su actual estilo de vida.

Según la tabla, ustedes tienen que ahorrar 10.75% de lo que hoy en día ganan, o sea, $215.00 al mes. Ponen el plan en práctica, comienzan a invertir mensualmente la cantidad que se propusieron, corrigiéndola por la inflación. Pasados treinta años, habrán acumulado una cantidad equivalente a $307,712.12 en el valor de hoy.

Así que cuando completen los treinta años de ahorro, será el momento de celebrar pues, si su aplicación rinde los mismos 0.65% mensuales de interés, las ganancias sobre los $307,712.12 serán de $2,000.12. Por lo tanto, su patrimonio personal estará generando el salario que ustedes necesitan para vivir. De ahí en adelante, ¡trabajen solamente por placer!

• Quién puede ayudar

Me refiero con frecuencia a bancos y otras instituciones financieras como el camino para forjar riqueza porque tienen como objetivo ser intermediarios financieros. Los bancos toman dinero prestado de ustedes —cuando aplican su dinero a determinada tasa de interés— para poder prestar a terceros el dinero que les confiaron, cuando ustedes reciben un préstamo a tasas de interés más elevado.

Saber usar bien un banco puede cambiar completamente su visión de ese tipo de institución. Los bancos serán los villanos de aquellos que aplican su dinero a interés bajo —comprando títulos de capitalización o depositando en la libreta de ahorro, por ejemplo— o que, al necesitar dinero, recurren a alternativas terriblemente caras, como el cheque especial. Los bancos no explotan el bolsillo de sus clientes. Tal vez exploten su ingenuidad, pues el mismo banco que ofrece un cheque especial también pone a su disposición los préstamos personales. El mismo gerente que trata de empujar al cliente un título de capitalización no le puede negar la oportunidad de invertir en un fondo de acciones o en títulos del gobierno.

Es como entrar en un negocio donde venden automóviles. El vendedor tratará de convencerlos de comprar aquel «quedado», que en general está bien expuesto en el frente. Si ustedes son razonablemente críticos, percibirán que ese puede ser un mal negocio y analizarán opciones que el vendedor guarda para los clientes más especiales.

Ustedes pueden decidir no invertir en bancos, solo que en algún momento de su estrategia de inversiones el dinero pasará por la institución. Después de recibir el pago de un gran negocio, no podrán mantener el dinero parado esperando una nueva oportunidad de compra. Si desconocen las mejores opciones para invertir, perderán la oportunidad de dar una buena «fertilizada» a sus recursos.

Corredores de valores. Algunos inversionistas con más experiencia ni siquiera dejan sus recursos en los bancos. Los inversionistas en acciones recurren a corredores de bolsa para ayudarlos a analizar las mejores opciones y para que actúen de intermediarios en compras y ventas. Están siempre al tanto de las acciones de su cartera de inversión que presentan riesgos, compradas en razón de un buen potencial de ganancias, y listos para venderlas. Después de venderlas, usan los recursos para comprar acciones de empresas más sólidas aunque un poco menos rentables, pero que no traen grandes sorpresas cuando publican sus resultados.

Estas últimas, que son acciones de compañías bien establecidas que tienen un historial de buen crecimiento y pagos regulares de dividendos, son aquellas que a largo plazo presentan rentabilidades muy interesantes, recompensando la paciencia de sus inversionistas. Las acciones con mayor riesgo son aquellas que pueden dar grandes ganancias, pero también grandes pérdidas. Los inversionistas acaban generando ganancias en compras y ventas diarias de esas acciones, o sea, especulando sobre lo que el mercado piensa que puede suceder con los resultados de esas empresas. Son inversiones para pocos.

Las acciones pueden ser una opción de crecimiento más rápida para aquellos que prefieren correr riesgos. Por otro lado, pueden también arruinar un futuro de sueños si ustedes invierten sin conocimiento alguno o con un riesgo excesivo. Algunas reglas que deben seguir para invertir en activos más arriesgados son:

- Nunca pongan todos los huevos en la misma canasta. En otras palabras, diversifiquen sus inversiones tanto como puedan. La concentración es importante solo para conseguir acceso a los mejores fondos. Después de eso, busquen y aprendan sobre nuevas opciones.

- No inviertan en acciones los recursos que pueden hacerles falta a corto o mediano plazo.

- Consulten siempre a un especialista antes de comprar o vender activos de riesgo. Si no se sienten bien atendidos por la entidad con que tratan, vayan a otra. Nunca compren una acción porque «oyeron decir» que había una oportunidad. Las compañías mejores ofrecen análisis claros de las acciones más negociadas.

- La regla número 1 también vale para un caso específico. ¿Resolvieron invertir una parte de su dinero (algunos de sus «huevos») en acciones? Nunca compren de una sola empresa. Orientados por su corredor, compren acciones de diferentes empresas que se equilibren; cuando las acciones de una bajan, las de la otra suben. No todas las empresas sobrevivirán a largo plazo.

Consultores financieros. Hoy en día, hay buenos consultores financieros que pueden orientarlos en la composición ideal de su bolsa de inversiones. Saber cuánto invertir en activos de riesgo y en otros más seguros —y menos rentables— no es complicado, pero depende mucho del perfil de la pareja. ¿Más riesgo o más seguridad? Eso va a depender de su tolerancia a pérdidas y del plazo disponible para obtener riquezas. Sugiero que, para acelerar el proceso de formación de riqueza, una parte de sus recursos sea invertida en buenas acciones, a no ser que hayan encontrado una opción mejor.

• Su estrategia de inversión

Diferentes etapas de la vida propician niveles distintos de propensión al riesgo y diversos horizontes de necesidad de recursos. Las sugerencias a continuación pueden hacer la gran diferencia en su estrategia de inversiones:

Personas solteras: Para aquellos que todavía viven con sus papás, el hecho de no tener grandes compromisos fijos de gastos mensuales puede ser una gran oportunidad. Al principio de su carrera, los profesionales no ganan mucho, y obviamente gran parte de su salario tiene como destino cursos y programas de formación que posibiliten su madurez profesional y una rápida ascensión en su carrera. Pero esta es una etapa interesante para ahorrar una parte, aunque pequeña, de su salario mensual. Algo entre 5 y 10% de las entradas totales tal vez sea suficiente. Hay dos razones para comenzar a ahorrar: en esa etapa, el mayor contacto con el medio académico amplía las fuentes de información (aprovechen para aprender sobre mercado de capitales) y la falta de grandes compromisos financieros facilita mayor apetito por el riesgo (aprovechen para invertir en acciones, y entender los mecanismos de ganancias y pérdidas de ese mercado para comenzar a generar grandes ganancias). Sugiero que una parte significativa de sus inversiones se concentre en ese tipo de aplicación. Si hubiera grandes pérdidas, aprovéchenlas como aprendizaje, entiendan sus errores y revisen sus estrategias.

Parejas sin hijos: Ya tienen compromisos financieros fijos, por eso este es el momento de trazar un plan de inversiones mensuales y de comenzar a establecer límites de riesgo. La unión de fuerzas debe permitir el acceso a inversiones más rentables, pero no renuncien a conocer más sobre el mercado de capitales. Consideren la estrategia de aplicar sus recursos en fondos mixtos, que incluyan participación significativa en renta variable (acciones), o apliquen por lo menos 25% de su patrimonio en una bolsa seleccionada de acciones o en inversiones de mayor potencial de ganancias. Este es el momento de buscar ganancias mayores y aceptar un nivel de riesgo más alto. Tan pronto salden sus deudas del inicio de vida en pareja, comiencen a economizar por lo menos de 10% a 15% del total de su salario. Muchas parejas no creen posible economizar tanto. Pero pregunto: ¿qué harían si hubiera una reducción de 15% del salario familiar? ¿No tendrían que hacer los ajustes necesarios para equilibrar su presupuesto? Aunque fuese desagradable tendrían que hacerlo. De la misma forma, economizar una cantidad similar no está más allá de la capacidad de la mayor parte de las familias. Normalmente es apenas una cuestión de sacrificarse un poco y hacer los cambios necesarios en su estilo de vida.

Parejas con hijos pequeños: La llegada de los herederos exige una postura de inversiones menos agresiva y un nuevo planeamiento financiero para garantizar fondos para la educación de los hijos. Se debe disminuir el nivel de riesgo de los fondos enfocándolos más en inversiones en renta fija. Consideren participaciones reducidas en renta variable, invirtiendo hasta 15% o 20% del patrimonio en acciones, lo cual es bastante razonable. Si las acciones tuvieran grandes pérdidas, será posible recuperar esa pequeña porción del capital en dos o tres años, sin atrasar mucho la jubilación. Las inversiones en activos fijos como inmuebles (acuérdense de los intereses compuestos) pueden ser una buena alternativa desde esta etapa en adelante. Si el ahorro formado hasta entonces no fuera suficiente para garantizar los estudios de los hijos, faltando uno de los padres, será el momento de hacerse un seguro de vida, un seguro para la educación (como un plan de previsión) o un seguro de trabajo (para profesionales independientes).

Parejas con hijos adolescentes: Probablemente esta sea la etapa de mayores gastos de la familia, cuando los planes de ahorro para la educación alcanzan su punto más alto y comienzan a ser usados. El conservadurismo es fundamental en este momento. Las oportunidades de invertir en la educación de los hijos pueden surgir, y lo que era una bolsa de inversiones financieras puede convertirse en una aplicación en la carrera del hijo, costeando, por ejemplo, un curso de inglés en el exterior. La etapa pide inversiones de resultados más previsibles. Recomiendo acciones, solamente las de primera línea.

Parejas con hijos adultos: La mayor independencia de los hijos, sumada a su entrada en el mercado de trabajo, proporciona un mayor alivio al presupuesto familiar. Esta etapa normalmente trae la posibilidad de agilizar la jubilación o de aprovechar más intensamente la vida, cada quien decide. Como gran parte de la cantidad crítica necesaria para la independencia financiera ya debe haberse acumulado, se puede disminuir bastante el nivel de riesgo. No se debe invertir más de 10% del patrimonio en acciones, a no ser bajo la supervisión de un buen agente financiero.

Parejas financieramente independientes: La independencia financiera causa un efecto casi mágico sobre las finanzas de la familia. Los cambios son tan intensos que resolví dedicar el capítulo 9 —«Administren el éxito de un plan»— enteramente a este tema.

Capítulo 8

Valores que deben forjarse a lo largo de la vida

Valores que deben forjarse a lo largo de la vida

Ustedes ya deben haberse dado cuenta de que una de las pocas cosas que pueden impedir que se hagan ricos es la seducción del dinero, la tentación de consumir y proporcionarse a sí mismos un estilo de vida un poco mejor del que tienen hoy. Realmente, es difícil resistir el consumismo, ya que somos bombardeados por llamadas de vendedores las 24 horas del día. Pero la mayor parte de nuestras acciones de consumo viene de decisiones nuestras o de nuestros hijos. Limitar el presupuesto doméstico no significa dejar de consumir, sino consumir dentro de los límites. ¿Vale la pena disminuir 5% o 10% el estilo de vida para poder mantenerlo permanentemente en vez de sufrir una reducción brusca de 30% a 40% de ese estilo al llegar a la vejez? Estoy seguro de que sí.

Algunos valores y suposiciones adoptadas en los momentos de decisión a lo largo de nuestra vida deben ser revisados. Vean, en los siguientes temas, cómo adaptar la vida actual a fin de obtener un futuro más próspero puede ser mucho menos doloroso de lo que se supone.

• Cómo resistir la tentación de gastar

De hecho, gastar dinero da un enorme placer. Conozco algunas personas que tienen un presupuesto personal que llaman «fondo antidepresión»: cuando se sienten tristes, van al centro comercial *a* gastar dinero, a deleitarse en el consumo. ¡Lo peor es que eso funciona! Muchos no tienen el valor de elaborar el presupuesto doméstico exactamente por miedo a deprimirse. ¡Es impresionante cómo dependen las personas del dinero para mantener el equilibrio mental! En ese caso, un consultor financiero personal acaba haciendo el papel de siquiatra, como en una clínica para tratamiento de dependientes de drogas.

Obviamente no habrá argumentos suficientes para convencer a un dependiente de que el futuro es tan importante como el presente. Para resistir las tentaciones es necesario encontrar opciones tan motivadoras como el consumo.

Yo me valgo de dos fuentes de motivación para mantener mi presupuesto en línea y acordarme de pensar dos veces antes de comprar por impulso. La primera de ellas es incluir en mi planilla personal de presupuesto doméstico dos indicadores muy buenos: cuándo recibo los intereses de mis inversiones y cuánto falta para conquistar la independencia financiera. Puede parecer poco para quien no acompañó esos indicadores, pero saber que cada día se es más rico y que la independencia financiera está cada vez más cerca trae una sensación de bienestar impagable. Esos dos indicadores son motivo suficiente para que continúe fiel a mis objetivos.

Si los números no cuentan para controlar sus impulsos, sugiero considerar la segunda fuente de motivación. Piensen en cosas que serán importantes en su futuro. Cuando estén viejitos y rodeados de nietos curiosos, ¿será que aquella bolsa o cartera de marca famosa haría la diferencia? ¿Y aquel conjunto nuevo de llantas para el automóvil los hubiera hecho más felices? ¿La cena en un restaurante caro será recordada con mayor frecuencia que una buena noche de intimidad? ¿Cuántas cosas que ustedes adoraban en la adolescencia ya no las hacen más? ¿Por qué?

Insisto en enfatizar la idea de que las cosas más importantes de la vida son accesibles a cualquier persona. Los momentos únicos de ambos a solas, los abrazos cariñosos de los hijos, los besos apasionados e interminables, las caminatas a lugares desconocidos, las horas de paz sin hacer nada en un lugar campestre son placeres sencillos que no cuestan y a los que no damos valor; ¿por qué? La disculpa es la falta de tiempo que el trabajo nos impone. Sí, pero el trabajo nos roba el tiempo porque deseamos tener más dinero. Y deseamos tener más dinero para poder consumir, para poder ir a ver aquella obra de teatro que estará en cartelera solo hasta esta semana, para asistir a aquel espectáculo carísimo, de una única presentación, o para poder renovar nuestro guardarropa (ya que la moda cambió). Gastamos el poco tiempo que tenemos en consumir porque todo el resto del tiempo lo dedicamos a pagar el tiempo de consumo. ¡No es lógico!

Ustedes comenzarán a enriquecer más rápidamente cuando se den cuenta de la importancia de las cosas que no cuestan nada. Dejen para después las tardes de compras, gasten el tiempo en tardes de pasión. Por lo menos, aquel salario que parecía insuficiente pasará a garantizar un ahorro mensual. Y ese ahorro permitirá que, en breve, haya tanto tiempo para consumir como para amar.

• Adiós, rutina

Una de las causas por la que cae la calidad de la relación entre las parejas es la rutina. Es inevitable después de varios años de convivencia por dos razones bastante sencillas: las diferencias personales ya no son novedad. Al principio de la relación, la pasión es alimentada por esas diferencias. La novedad abre las puertas a un mundo más amplio y crecemos con la relación. Con el tiempo, algunos hábitos que no le gustan a la pareja son abandonados y los diversos hábitos tolerados convergen en una «zona de comodidad», volviéndose comunes a ambos. La persona amada deja de ser novedad en nuestro mundo.

Durante el noviazgo, gran parte de nuestras entradas —llámese mesada, beca de estudios o salario— se va en la conquista o en nuestros hábitos sociales y de esparcimiento. Esos hábitos constituyen la «novedad» para la persona amada. Nosotros nos enamoramos de aquello que la persona es y por cómo vive. Con el tiempo y el matrimonio, las responsabilidades aumentan y el presupuesto se va apretando más. No sobra mucho dinero para lo que no es esencial y de ese hecho deviene la rutina, la cual no se asocia necesariamente al matrimonio, y sí a la restricción de hábitos placenteros.

Muchos responsabilizan a la persona amada por la rutina, cuando la verdad puede ser consecuencia de la falta de planeamiento. Y un buen planeamiento financiero puede disminuir bastante la rutina del matrimonio. ¿Cómo? ¿Qué les parece incluir, entre los gastos esenciales del mes, algunos recursos para salir de la rutina?

Yo los llamo recursos **financieros de la reconquista diaria**. No es necesario contar con grandes cantidades. Cuando eran novios, el poco dinero y la mucha creatividad ciertamente traían momentos muy especiales. Tampoco es necesario perder horas imaginando alguna cosa genial. Hasta la propia rutina puede ser «sin rutina». Algunos amigos cultivan la práctica de, todas las semanas, ir a un restaurante diferente. Otros suelen, cada dos meses, viajar a algún lugar que nunca han visitado durante el fin de semana. Ustedes pueden crear la rutina de, cada semana, preparar juntos un nuevo plato en la cocina.

Esas renovaciones constantes, que quizá no cuesten mucho, pueden renovar diariamente su cariño. Considerar esta meta en el planeamiento financiero es una forma de motivarse para reconquistarse uno al otro. En la peor de las hipótesis, los recursos se acumularán durante un año para garantizar unas vacaciones muy especiales. ¡Inviertan en sí mismos!

• Sueños de consumo

He insistido con cierta frecuencia en este libro en el hecho de que el consumo y un estilo de vida más allá de nuestros recursos son causa del fracaso financiero. Creo que los sueños de consumo no deben abandonarse, y sí dejarse para cuando tengamos reservas financieras suficientes para poder pagarlos sin riesgos.

Algunos objetivos de consumo, sin embargo, son cuestionables. En el capítulo 3, discutí opciones para el sueño de comprar un automóvil suntuoso. Otro lujo que puede conducir a la familia a la ruina si se planea mal es la adquisición de una casa de verano en la playa o en el campo. Cuando el salario aumenta un poco y nos encantamos con la idea de «subir un escalón» en nuestro estilo de vida, difícilmente pensamos en un proyecto como ese de forma racional.

• Páguense primero

Creo que todos los libros sobre finanzas personales o planeamiento financiero particular tienen en común por lo menos dos reglas: nunca pongan todos los «huevos» en la misma canasta, y primero páguense a ustedes mismos.

La primera regla tiene que ver con la diversificación de las inversiones. Traté de eso en el capítulo anterior. Si invierten en algo que ofrezca cierto nivel de riesgo, inviertan también en activos que puedan compensar posibles pérdidas. No existe una situación en el mercado financiero en que todos pierdan. Cuando mucha gente pierde dinero, unas pocas personas están ganando mucho. Diversifiquen para impedir el riesgo en su bolsa de inversiones.

La segunda regla, páguense primero, se refiere a una filosofía de vida. Mucho cuidado con su interpretación. Algunos entienden la regla como si dijese que, para ser feliz, es necesario gastar en la satisfacción personal antes de cumplir con otros compromisos financieros. Es la filosofía de los eternamente endeudados, y una forma completamente equivocada de pagarse a sí mismo, en primer lugar. «Páguense primero» se refiere al compromiso con un planeamiento para garantizar un futuro sin dificultades financieras, y hacer lo posible y lo imposible para que el plan se cumpla.

Si asumieron el compromiso de ahorrar cierta cantidad todos los meses, ese debe ser el primer dinero en salir de su cuenta al recibir su salario. Si el costo de vida aumentó, tendrán que apretarse el cinturón para pagar las demás cuentas. Si eso fuera difícil, opten porque parte del salario (ustedes deciden cuánto) automáticamente sea debitado de su cuenta corriente y depositado en la inversión que hayan elegido. Su banco puede hacer eso por ustedes, se llama inversión programada. Es fácil y conveniente, y ayuda a mantener la disciplina.

Si ustedes planean el futuro y asumen el compromiso serio de pagarse primero, ese futuro será una deliciosa continuación de la sensación de seguridad del presente. Algo que, en América Latina todavía es una prerrogativa de pocas personas bien informadas. Ustedes, queridos lectores, también pueden ser parte de ese selecto grupo privilegiado.

Capítulo 9

Administren el éxito de un plan

Muchos responsabilizan a la persona amada por la rutina, cuando la verdad es que puede ser consecuencia de la falta de planeamiento. Y un buen planeamiento financiero puede disminuir bastante la rutina del matrimonio. ¿Cómo? ¿Qué les parece incluir, entre los gastos esenciales del mes, algunos recursos para salir de la rutina?

Administren el éxito de un plan

Ya afirmé que la etapa más difícil del planeamiento financiero es el comienzo. Dejar la comodidad a un lado, establecer un presupuesto, hacer y rehacer los cálculos consume tiempo y, para muchos, no son actividades interesantes.

Después viene una etapa casi tan difícil como la primera: conseguir motivación para continuar con el plan. En esa etapa, la impresión que tenemos es que dejamos en el banco un dinero que nos hace mucha falta a fin de mes, y los resultados no aparecen. Vean cómo resulta el saldo final de su cuenta los primeros seis meses en una inversión mensual de $100.00 a 1% de interés al mes. Ustedes depositan $100.00 hoy y los estados bancarios muestran lo siguiente:

Meses de aplicación	Total aplicado	Interés ganado	Saldo final
1	$100.00	$1.00	$101.00
2	$200.00	$3.01	$203.01
3	$300.00	$6.04	$306.04
4	$400.00	$10.10	$410.10
5	$500.00	$15.20	$515.20
6	$600.00	$21.35	$621.35

Eso desanima, pues muchos piensan de la siguiente forma: «Huy, ¿dejamos de aprovechar $100.00 de nuestro salario durante seis meses para ganar apenas $21.35 en todo ese tiempo?» No parece valer la pena. Pero, si continúan la simulación durante algunos años, al décimo año obtendrán los siguientes saldos:

Meses de aplicación	Total aplicado	Interés ganado	Saldo final
119	$11,900.00	$11,003.97	$22,903.97
120	$12,000.00	$11,233.91	$23,233.91
121	$12,100.00	$11,467.25	$23,567.25

En el mes 120, cuando el plan complete los diez años, ustedes habrán aplicado $12,000.00 (120 × $100.00), pero el saldo será de $23,233.91, o sea, solo de intereses habrá $11,233.91 acumulados, más de $1,000.00 por año. ¿Les parece poco como motivación? Vean el efecto después de algunos años más:

Meses de aplicación	Total aplicado	Interés ganado	Saldo final
240	$24,000.00	$99,914.79	$75,914.79
360	$36,000.00	$352,991.38	$316,991.38
480	$48,000.00	$1,188,242.02	$1,140,242.02

Superada la etapa de la motivación, viene la tercera fase: la de la maduración. Después de algunos años de implementar el plan, parece que las energías positivas del universo convergen para facilitar su camino. La rentabilidad de sus inversiones aumenta tanto en razón de la mayor cantidad de recursos acumulados como por su mayor experiencia y capacidad de seleccionar las inversiones. Una buena cantidad de recursos ahorrados abre el camino para aprovechar oportunidades de invertir en inmuebles o en cualquier activo que pueda ser adquirido a precio más bajo que el de reventa. Cuanto más dinero tengan, más rápidamente crecerá.

Cuando finalmente llegue la etapa de la independencia financiera, la relación de la pareja con el dinero es de absoluta tranquilidad. Los años de esfuerzo son recompensados con una sensación magnífica. Antes de la independencia, pasamos la vida restringiendo el presupuesto para garantizar el éxito de nuestro plan. Los cambios que se dan enseguida son definitivos.

Fíjense lo que sucede cuando concluimos el plan: ustedes tenían un salario que, probablemente, continúa existiendo. Antes, sin embargo, destinaban una parte de esos recursos a las inversiones, pero ahora ya no tienen necesidad de ese sacrificio, pues sus inversiones ya rinden tanto como o hasta más que el salario obtenido por su trabajo. La verdad es que ahora ustedes pasan a recibir dos salarios: uno del trabajo y otro del banco; o de donde quiera que esté su dinero. En esa situación, se crea un ciclo de prosperidad: si no dejan de trabajar, su fortuna continuará creciendo a ritmo intenso. Hay algunas opciones a seguir:

1. Pueden dejar de trabajar y vivir solo de las rentas de sus inversiones.

2. Pueden continuar trabajando, ahora por puro placer, ya no por la necesidad del salario. Poco a poco, pueden mejorar su estilo de vida en la medida en que los intereses líquidos de sus inversiones aumenten mes a mes.

3. Pueden aplicar parte de sus recursos ahorrados abriendo un negocio propio y dejar de ser empleados. Una empresa es una forma de inversión que, cuando es bien administrada, también genera una renta para la familia.

4. Si no están satisfechos con el nivel de riesgo de sus inversiones, pueden convertir parte de sus recursos en bienes que generen una renta regular en su cuenta corriente, adquiriendo inmuebles comerciales para alquilar a terceros, por ejemplo. En algunos casos, se pierde en eficiencia financiera, pero se gana en seguridad. Vale destacar que, hoy en día, un número cada vez mayor de jubilados invierte en el mercado de capitales para mantener un estilo de vida mejor.

Sea cual fuere la opción elegida, ciertamente cualquiera de ellas es capaz de darle a su familia una realidad muy diferente de aquella que millones de personas de la tercera edad viven hoy en América Latina. Son consecuencia de una vida bien vivida, además de planeada. ¿No vale la pena?

• ¿Qué es un jubilado?

Cuando, al final del capítulo 7, aludí a una pareja financieramente independiente después de mencionar una pareja con hijos adultos, tal vez haya dejado la impresión de que la independencia financiera debe venir en ese orden, con la tercera edad. Quiero enfatizar algo que dije antes: **Ni la independencia financiera ni la jubilación están relacionadas con la edad.**

Si tuvieran buenas oportunidades de ganancias aún jóvenes y fuesen disciplinados al comienzo de su vida juntos, bien pronto podrán conquistar su independencia financiera. Conozco a personas financieramente independientes que aun no tienen 30 años de edad. Obviamente, esa felicidad es para pocos y depende de factores tan diversos como el éxito profesional, la herencia de la familia y el estilo de vida elegido.

Pero ¿puede una pareja financieramente independiente considerarse «jubilada»? En términos legales, no. Para ser considerado «jubilado» y beneficiarse de los derechos exclusivos de esa categoría, un individuo necesita tener un tiempo mínimo de contribución al Seguro Social y también una edad mínima. Los derechos exclusivos de los jubilados en América Latina, no obstante, no son gran cosa, y el hecho de ser jubilados en el papel no libra a nuestros viejitos de la necesidad de trabajar para sustentar el hogar.

Yo me doy el lujo de usar el término «jubilado» para hablar de aquellos que pueden dejar de trabajar, si lo desean. Nadie está en condiciones más dignas de «dejar de trabajar» que aquellos que conquistan la independencia financiera. Por eso podemos decir que perseguir esa meta es lo mismo que planear una jubilación digna, cosa todavía rara entre las personas honestas de nuestra tierra.

Jubilarse no es sinónimo de estancarse. La evolución de la medicina y las mejoras en la calidad de vida de la población está elevando rápidamente la expectativa de vida. Eso significa que un ciudadano de clase media con acceso a un plan de salud, buenos médicos y medicamentos, y buena alimentación, podrá llegar fácilmente a los 100 años a mediados de este siglo.

¿Jubilarse significa no hacer nada? Definitivamente no. Significa tal vez asistir a aquella universidad a la que se renunció cuando joven y seguir una carrera por la cual se siente verdadera pasión. ¿Cuántas personas eligen su carrera solo pensando en hacer dinero? Significa tal vez dedicar más tiempo a los pasatiempos que fueron abandonados en los últimos años. Significa trabajar con una postura más profesional y menos sumisa, sin miedo a perder el empleo. Significa poderse dar el lujo de viajar con más frecuencia y dedicarse a un período sabático.[22]

La última cosa que les debe pasar por la cabeza cuando piensen en jubilación es dejar de trabajar. El trabajo es importante y ennoblece, además de evitar una jubilación que nadie desea: la de la mente. Pueden, sí, dejar de trabajar para dedicarse a otras cosas, mantenerse activos. Piensen en la jubilación como una oportunidad para crecer. Piensen en la jubilación como la oportunidad para compartir un poco de sus conquistas con quienes jamás tendrán tamaña facilidad. Piensen en los trabajos voluntarios que, al contrario de retribuir en dinero, retribuyen a su corazón.

Jubilarse, en finanzas personales, significa por lo tanto alcanzar una seguridad financiera que les permita vivir la vida como a ustedes les gustaría. Tal vez hasta trabajando mucho.

....

22. Período de introspección en que las personas, generalmente ejecutivos, resuelven hacer una pausa para poner al día todo lo que acumularon en los últimos años, libros no leídos, el acercamiento a amigos y a la familia. Uno de mis maestros más queridos me dio la definición perfecta del término: es el período en que se vive como si todos los días fuesen sábado.

Una estrategia para quien alcanzó esa meta

Tener a la mano dinero más que suficiente para vivir es el sueño de todos, la solución para la mayoría de nuestros problemas. ¿Están de acuerdo? ¡Cuidado, esa solución puede ser apenas aparente! Muchos premiados por la lotería, así como estrellas de televisión y de cine, y deportistas que acumulan fortunas, pierden todo su patrimonio en pocos años. El motivo es la falta de percepción de que la parte útil del dinero es la renta —los intereses—, y no la masa acumulada.

Quien tiene la felicidad de alcanzar la independencia financiera y todavía continuar trabajando puede sentirse medio desorientado con la sensación de tener dos entradas, principalmente si llegó a ese punto manteniendo un estilo de vida por debajo de su salario mensual. Imaginen, por ejemplo, que ganan $2,000.00 mensuales. ¿Cómo proceder cuando sus inversiones pasan a generar también $2,000.00 mensuales de intereses?

Obviamente, no deben elevar su estilo de vida a los $4,000.00 pues estarían obligados a reducirlo a la mitad cuando, más adelante, dejasen de trabajar. Lo mejor es continuar ahorrando, pero la mecánica del ahorro cambiará notablemente. Al alcanzar la independencia financiera, deben pasar a retirar el rendimiento líquido de sus aplicaciones e invertir el dinero del salario.

A partir de entonces, el salario existiría solo por el placer de trabajar y sería usado para aumentar la masa de inversiones si se aplicara totalmente. Con cada mes de salario, su patrimonio aumentará un poco, generando mayor renta al siguiente mes. Entonces sí, podrán consumir tranquilamente todo el rendimiento líquido de los impuestos y la inflación. Si resolviesen dejar de trabajar, no sufrirían la pérdida de su salario, pues la masa crítica estaría preservada. ¿No es una maravilla soñar con la hipótesis de llegar a un punto en que su estilo de vida se eleve mensualmente?

• Administren lo que queda

Muchos de mis lectores cuestionan mi teoría de formar una masa crítica capaz de generar una renta infinita. «Y el dinero ahorrado, ¿para quién queda?» Es una de las preguntas que escucho con más frecuencia. Obviamente, dejar como herencia un ahorro que genere renta es una alternativa a dejar posesiones materiales. Una de las principales fuentes de oportunidades del mercado inmobiliario son los herederos que, después de finalizado el inventario, rápidamente se deshacen de las propiedades de la familia. Existen, infelizmente, corredores inmobiliarios sin escrúpulos que frecuentan velorios y se presentan como amigos de los fallecidos solo para crear la oportunidad de ofrecer su tarjeta de visita y abrir una puerta a un futuro negocio. Las propiedades heredadas, en general, se venden a precios bajos debido a la urgencia de cubrir dificultades financieras de los herederos o para «cortar el pastel» sin mayores sufrimientos.

Cuando las inversiones de la familia son ampliamente discutidas entre padres e hijos, eso normalmente no sucede. Pero, si los padres resolvieran dejar un ahorro en vez de bienes, los resultados podrían ser mucho más satisfactorios si la visión de independencia financiera fuera compartida entre todos. En lugar de dejar bienes (y todos los gastos que vienen con ellos —impuestos y gastos comunes—, entre otros), los padres dejan una fuente de renta a sus herederos. Tal vez anticipen en varios años la jubilación de sus hijos.

Tengan presente el hecho de que una buena cantidad en el banco rinde intereses voluminosos, en general mayores de los que un inmueble del mismo valor rendiría en alquiler, o una hacienda daría como retorno con su actividad. En vez de dejarles a sus hijos como herencia bienes inmobiliarios de difícil negociación, ¿por qué no aceptar la idea de pasarles una renta y una buena educación financiera?

El argumento de muchos que no ahorran es que el dinero en el banco no está seguro. No comparto esa opinión, inclusive porque el Banco

Central de la mayoría de los países adoptó normas de funcionamiento para los bancos que prácticamente eliminan el riesgo de quiebra. Existen, sin embargo, otras formas de hacer crecer el dinero, ya sea comprando y vendiendo bienes de valor, o abriendo un negocio propio; pero cualquier forma de multiplicación de dinero requiere cierto dinero. Y ustedes solo lo tendrán para invertir si comienzan a ahorrar desde ahora.

El planeamiento financiero en familia puede garantizar la perpetuación de la riqueza. Para eso, es necesario ofrecer a los hijos una buena educación financiera, incentivarlos a invertir y compartir con ellos planes, objetivos y el éxito de las inversiones.

Puede ser que no todos los hijos absorban el conocimiento financiero de la misma forma, lo que puede generar en los padres cierto recelo de que la herencia desaparezca rápidamente. Hay medios para prevenir eso. La forma más sencilla de garantizar que los deseos de los padres en relación al futuro financiero de los hijos sean llevados a cabo es a través de la consecución de un testamento.

En situaciones en que el ahorro acumulado ultrapasa el valor suficiente para garantizar un estilo de vida mediano a la familia y a los herederos, se recomienda la ayuda de terceros en la planificación del patrimonio. Hoy en día existen muchas empresas especializadas en el análisis de las inversiones familiares, en la construcción de una bolsa de inversiones adaptada a la aversión personal al riesgo, y en la recomendación de inversiones adecuadas a los objetivos familiares. Normalmente ese servicio es ofrecido a familias que ya tienen algún ahorro formado, pues es cobrado basándose en un porcentaje del patrimonio. Como en los fondos, cuanto mayor es el patrimonio menor será el porcentaje cobrado.

En el caso de fortunas que abarcan inversiones en el exterior o cuyo patrimonio suma algunos millones, se recomienda un paso más. Muchas familias constituyen fundaciones, grandes empresas, nombrando a sus miembros accionistas de la riqueza en vez de dueños de todo el dinero. La diferencia puede parecer sutil, pero trae implicaciones tributarias bastante significativas cuando en vida, los padres son dueños de las cuotas de sus inversiones, cuya gestión y distribución de resultados son reguladas por contrato firmado entre los accionistas. Todos los movimientos son hechos a través de gestores profesionales, y las alteraciones del contrato de gestión se realizan por consenso o votación entre los accionistas y sus procuradores. Cuando uno de los accionistas muere, sus herederos legales dividen sus cuotas. Como la riqueza es de la fundación y las cuotas poseen un valor de contrato simbólico, la tributación sobre la herencia de los bienes es reducida. Vale la pena pensar en el asunto.

• No quieren, o no necesitan dejar herencia

Existe también la posibilidad de no desear dejar herencia. Tal vez porque los hijos no hicieron nada para merecerla, tal vez porque tuvieron la felicidad de forjarse un estilo de vida mucho mejor que el de los padres, o porque estos no consiguieron acumular el ahorro suficiente para su independencia financiera. Hoy en día también son comunes las parejas sin hijos.

En esos casos, ¿cuánto gastar por mes para que las reservas no sobren? Infelizmente no hay una respuesta perfecta a esa pregunta. Pero es posible disminuir las posibilidades de equivocarse. Digamos que una pareja tiene como meta acumular un ahorro capaz de generar una renta mensual de $2,000.00. Sin embargo, tienen en este momento 80 años, sin ganas de continuar trabajando y con un ahorro acumulado de $200,000.00 aplicados en una inversión que rinde, después del descuento del impuesto sobre la renta y la inflación, 0.6% al mes; es decir, $1,200.00 líquidos. Si quisieran perpetuar esa renta, no podrían sacar más de $1,200.00 al mes. Pero como desean consumir el ahorro, pueden sacar más.

El secreto es establecer un plazo para el uso del dinero y dividir el ahorro en prestaciones iguales. ¿Qué plazo? Sugiero sinceramente que la pareja suponga que vivirá por lo menos hasta los 100 años. La tasa de intereses considerada debe ser libre de inflación, y en el valor que se calcule hoy deben incluirse los efectos de la inflación hasta que el ahorro se acabe.

El cálculo exige, una vez más, conocimientos de matemática financiera. Por eso elaboré la tabla de la siguiente página, que funciona de una manera muy sencilla: la intersección de la línea de la tasa de intereses de las inversiones y de la columna de la edad muestra el porcentaje que debe sacarse hoy para que el ahorro dure hasta los 100 años de edad. Cada mes será necesario corregir el valor obtenido por la inflación para mantener el poder de compra. Aproximadamente a los 100 años el ahorro llegará a cero.

En el ejemplo que cité de la pareja de 80 años, la inversión de $200,000.00 genera una renta perpetua de $1,200.00. Pero la tabla en la siguiente página muestra que, para que el ahorro, que crece 0.6% al mes, dure de los 80 a los 100 años de edad, la pareja tendrá que sacar el equivalente al valor, en esta fecha de hoy de 0.7873% de ese ahorro. Eso significa $1,574.60,[23] o $374.60 más que la renta infinita de $1,200.00. De aquí en adelante, podrán sacar cada mes ese valor corregido por la inflación. Si, con la orientación de un especialista, consiguiesen una rentabilidad de 0.65% al mes, el valor que podrían sacar hoy sería de 0.8240% del patrimonio, o $1,648.00. Un cuidado mayor en la rentabilidad de las inversiones ¡puede significar el pago de algunas cuentas al mes!

Si la pareja realmente no pretende dejarles recursos a los herederos, todavía existe la posibilidad de hacer una donación. Todo lo que fue escrito hasta ahora vale también para las donaciones. Una fortuna en activos financieros será muy bien recibida por instituciones serias y organizadas que sabrán usar su caja de ahorros a favor de una buena causa.

---

23. Resultado del cálculo: $ 200,000.00 × 0.007873 = $ 1,574.60

Edad Tasas interés/mes	60	65	70	75	80	85	90	95
0.30%	0.3934%	0.0042%	0.4546%	0.5060%	0.5851%	0.7198%	0.9935%	1.8237%
0.35%	0.4305%	0.4549%	0.4890%	0.5389%	0.6166%	0.7498%	1.0220%	1.8507%
0.40%	0.4690%	0.4920%	0.5247%	0.5730%	0.6490%	0.7804%	1.0509%	1.8780%
0.45%	0.5090%	0.5305%	0.5615%	0.6081%	0.6823%	0.8118%	1.0803%	1.9095%
0.50%	0.5502%	0.5702%	0.5996%	0.6443%	0.7164%	0.8439%	1.1102%	1.9333%
0.55%	0.5926%	0.6110%	0.6387%	0.6815%	0.7515%	0.8766%	1.1406%	1.9613%
0.60%	0.6360%	0.6529%	0.6788%	0.7196%	0.7873%	0.9100%	1.1714%	2.9896%
0.65%	0.6803%	0.6958%	0.7199%	0.7586%	0.8240%	0.9441%	1.2027%	2.0181%
0.70%	0.7255%	0.7395%	0.7618%	0.7985%	0.8615%	0.9789%	1.2345%	2.0468%
0.75%	0.7714%	0.7840%	0.8046%	0.8392%	0.8997%	1.0143%	1.2668%	2.0758%
0.80%	0.8178%	0.8292%	0.8482%	0.8807%	0.9339%	1.5030%	1.2995%	2.1051%
0.85%	0.8449%	0.8750%	0.8924%	0.9228%	0.9783%	1.0869%	1.3326%	2.1346%
0.90%	0.9124%	0.9214%	0.9372%	0.9657%	1.0186%	1.1241%	1.3662%	2.1643%
0.95%	0.9603%	0.9683%	0.9827%	1.0092%	1.0585%	1.1618%	1.4002%	2.1942%
1.00%	1.0085%	1.0155%	1.0286%	1.0532%	1.1011%	1.2002%	1.4347%	2.2244%

Capítulo 10

La riqueza como objetivo de vida

La riqueza como objetivo de vida

El planeamiento financiero, las orientaciones sobre la forma de tratar con el dinero y las sugerencias sobre economía doméstica que ofrezco en este libro ciertamente tienen como objetivo hacer de ustedes una pareja más rica y con menos problemas a lo largo de la vida. No quiero, sin embargo, crear la ilusión de que el enriquecimiento ocurrirá por un camino sin dificultades.

Siempre habrá dudas, frustraciones con algunas pérdidas, su plan necesitará ser revisado algunas veces durante su vida, y tal vez en algunas de esas revisiones tendrán que esperar algunos meses o años para alcanzar sus objetivos. Pero, cuanto más cuidadoso sea el planeamiento mucho menor será el sufrimiento causado por las situaciones indeseables.

Si llegan a perder dinero con alguna inversión, será triste. Pero será peor, si uno de los dos pensaba en invertir y el otro prefería usar esos recursos en consumo: «Dejamos de viajar para que tú aplicaras esa cantidad en acciones y ahora me dices que perdimos el dinero...»

Si algún día llegan a tener una discusión áspera por fallas en el planeamiento financiero, no son los únicos. No existe relación que no tenga pequeños conflictos. Si la razón del problema es la búsqueda de un acuerdo en relación a un futuro mejor, perfecto. Ambos están luchando por mejorar el engranaje. Ese tipo de conflicto es mucho mejor que el cotidiano relacionado con el dinero, cuando cada uno se propone objetivos completamente diferentes, creándose una batalla por esa divergencia.

El punto es que **la búsqueda de un futuro financieramente estable y seguro nos trae paz.** Es como tener una garantía detrás de cada decisión que tomamos. Quizá no vivamos tiempo suficiente para alcanzar nuestros objetivos, pero habremos vivido felices por llevar una vida motivada por objetivos. Ahí estriba toda la diferencia.

• Tiempo y recursos limitados: ¿Renunciamos a la idea de enriquecer?

Algunos lectores pueden sentirse frustrados con algunos pasajes de este libro en los cuales demuestro simulaciones y presento tablas. No deben desanimarse si, con los recursos disponibles mensualmente, después de exprimir al máximo el presupuesto, los plazos para alcanzar los objetivos parecen demasiado lejanos y los intereses necesarios se ven inaccesibles. Esbocen su plan y pónganlo en práctica en la medida de lo posible.

Quizá ustedes no tengan las condiciones para obtener la independencia financiera dentro de un plazo razonable. No importa, persigan su sueño. Si consiguen garantizar que una parte significativa de sus gastos mensuales de hoy sea cubierta con sus propios recursos, ese será un peso menos sobre la espalda a lo largo de sus vidas.

Parte de su renta futura será costeada por el Seguro Social si contribuyen regularmente. Una parte mínima, pero eso es mejor que nada. No cuenten con avances en esa área. Tal vez encuentren alguna actividad placentera y remunerada en la vejez; es cuestión de prepararse para eso, de la misma forma que nos preparamos para entrar en el mercado de trabajo. Puede ser un camino.

Perder el empleo o la jubilación formal da alguna tregua para las reservas de los recursos en forma de eventuales indemnizaciones o bonificaciones. Aun así antes de dejar de trabajar, el ahorro acumulado hasta entonces, cualquiera que sea la cantidad, será una almohadilla de seguridad contra el desempleo, una fuente de tranquilidad. La garantía de que no faltará techo ni comida para la familia, de que no será necesario sacar a los hijos de la escuela, y de tener recursos para buscar empleo sin estar desesperado es asunto de tomar una decisión hoy.

• Accidentes en medio del camino

Las teorías de planeamiento afirman que en cualquier tipo de plan existen factores críticos que, si se tratan adecuadamente, conducirán al éxito. En el caso del planeamiento financiero familiar, lo anterior quiere decir que, si los factores críticos como la rentabilidad de las inversiones, el riesgo asumido y la disciplina en la gestión de recursos y en las aplicaciones son tomados en serio, habrá grandes posibilidades de que el plan sea un éxito.

Digo grandes posibilidades y no lo aseguro porque nunca estaremos libres de accidentes. Existen aspectos ajenos a nuestro control y a nuestra voluntad cuyos efectos pueden ser minimizados, pero muchas veces son inevitables. Vean algunos ejemplos:

- Si tienen seguros, podrán prevenir y alejar problemas de salud, pero nunca estarán inmunes a enfermedades graves ni accidentes.

- Si invierten en cosas seguras, podrán disminuir la probabilidad de sufrir robos y asaltos, pero nunca estarán completamente inmunes a las acciones de los amigos de lo ajeno.

- Si invierten en la educación de sus hijos, aumentarán la probabilidad de que ellos tengan un futuro próspero, pero eso dependerá en gran parte de los sueños de ellos y de su propia visión del mundo. Nadie jamás podrá garantizarles eso.

- Aun cuando ustedes tengan un fondo de reserva para cambiar el automóvil, tal vez su vehículo actual tenga un problema mecánico serio y sea necesario gastar más de lo que existe en el fondo de reserva para arreglarlo.

- Por más segura que sea su casa, todos están sujetos a desastres naturales y existe la posibilidad de que un día pierdan parte del patrimonio que tienen.

Entiendan que vivimos en un ambiente de riesgo. Esto no es totalmente negativo, pues donde hay riesgo hay mayores oportunidades de ganancia. Si el riesgo no existiese, los bancos y el gobierno no tendrían que pagar intereses significativos para atraer a los inversionistas y convencerlos para que inviertan su dinero. Hoy ustedes solo invierten porque los intereses ofrecidos por las opciones de inversión son atractivos, situación mucho mejor que dejar el dinero en casa, debajo del colchón.

Pero como estamos sujetos a riesgos, tal vez llegue el momento en que, por motivo de un accidente o imprevisto grave, necesiten usar gran parte de sus reservas. Si hubiesen tomado un seguro contra la pérdida sufrida, tal vez la situación no sería tan dramática. Pero si contratamos seguros contra todos los riesgos, no sobrará dinero para comer. Estamos obligados a seleccionar los riesgos, nada impide que tengamos una pérdida no asegurada. Ese será el momento de mantener la calma. Aprendamos a perder y respiremos hondo, aprendiendo todas las lecciones que puedan sacarse del momento negativo, y caminemos en dirección a los sueños. Aun cuando parezca imposible, sigan en dirección a sus sueños, hagan lo que esté a su alcance.

Prefiero no asociar el éxito de un plan a la suerte ni a las fuerzas de otra dimensión. Pero, si desean con ahínco alcanzar un objetivo y se esfuerzan en conseguirlo, todas las fuerzas del universo estarán confluyendo en la promoción de su éxito. Cuando casarme era mi objetivo, trabajé con tanto ahínco y ganas que el reconocimiento de mi esfuerzo me trajo varias nuevas oportunidades. El cantante británico Eric Clapton canalizó todo el dolor y el sufrimiento por la muerte de su hijo en la composición de una canción en su homenaje, «*Tears in heaven*» [Lágrimas en el cielo], que se transformó en uno de los mayores éxitos de su carrera. Herbert Vianna se opuso a todas las probabilidades al resurgir del estado de coma y volver a tocar como antes con los *Paralamas do Sucesso*.

Nunca creí en las pérdidas irreparables, visualizar ese camino solo depende de ustedes. Una derrota comienza cuando se cree en ella.

«Dicen que soy un tipo con suerte... ¡Solo sé, que cuanto más me esfuerzo, más suerte tengo!» (Jack Niklaus)

• Ganen y donen

Páguense primero, recuerden que es una de las lecciones fundamentales. Conozco algunas personas que no ahorran porque creen que dar a los necesitados es más importante. Pueden creerlo: donar no es lo más importante, a pesar de ser esencial para las personas de buen corazón. Admiro mucho a todos aquellos que comparten su éxito financiero con los necesitados, pero realmente no estoy de acuerdo con los que comparten todo el resultado de su éxito. Si, al dar, ustedes no se permiten el excedente de sus recursos para invertir en su futuro, estarán perjudicando ese futuro y también el de aquellos que necesitan de su ayuda.

Ganen y hagan donaciones, pero planeen para poder hacer eso siempre. Los necesitados y las asociaciones de beneficencia necesitan personas que donen. Pero si la donación es más grande de lo que su patrimonio permite, ustedes no enriquecerán y no conseguirán en el futuro continuar donando. Contribuirán mucho más con la sociedad si respetan sus límites de hoy y, en la medida que enriquezcan, pasen a donar cantidades mayores. Sugiero incluso que esas donaciones sean un porcentaje de la renta de sus inversiones, y no de su salario. En los Estados Unidos, la gran mayoría de las donaciones a instituciones humanitarias viene de familias financieramente independientes. Y las cantidades por familia llegan a millones de dólares.

La donación no consiste solamente en dinero. Si el dinero no sobra, donen su tiempo. Existe mucho trabajo voluntario por hacer a favor de los necesitados de nuestro país. ¿Una contribución de $20.00 para pagar parte de los medicamentos de un viejito internado en un asilo vale más que dos horas de sábado de un voluntario destinadas a conversar con él?

Lo mismo vale para las contribuciones a asociaciones e iglesias. Si el objetivo es contribuir, ustedes son responsables por la creación de condiciones para aportar cada vez más. Cada religión tiene su credo y su forma divina de recompensar las contribuciones voluntarias. Pero si la contribución que está dando ahora impide los aportes futuros, ustedes irán en contra de sus objetivos personales y de su fe. Si su creencia determina el pago del diezmo,[24] deben asumir por lo menos el mismo compromiso consigo mismos. Si es posible vivir con 90% de las ganancias, tienen que encontrar medios para vivir con 80%. En caso contrario, mañana no habrá porcentaje ni para contribuir con la iglesia.

• *Su riqueza es mayor de lo que se imaginan*

Algunas personas que ustedes ni conocen ganan mucho con su riqueza. Además del bienestar que la riqueza proporciona a la familia —como ejemplo para los más jóvenes, como el hogar que ofrece calor en las reuniones familiares, como la base adonde se llega cuando se necesita hacer celebraciones familiares—, ustedes también traen bienestar a sus vecinos.

La mayor capacidad de consumir productos y servicios de su barrio lleva riqueza a las familias cercanas. La capacidad de cuidar mejor de su bienestar ayuda a preservar empleos. Su interés en compartir con amigos oportunidades de inversión y conocimiento financiero crea cadenas de prosperidad, que normalmente regresan como nuevas fuentes de información. La información sobre la riqueza debe ser compartida. Si ahora

---

24. Diez por ciento de todo el salario.

ustedes saben cómo enriquecerse, compartan con las personas queridas ese objetivo en común. Si alguna persona le pide dinero prestado, propóngale discutir la fuente real del problema en vez de simplemente ayudarle con dinero. Eso no tiene precio.

Su enriquecimiento es una forma de contribuir no solamente con aquellos que lo rodean, sino con la sociedad en general. La razón de gran parte de los problemas en América Latina es la incapacidad de las personas de ahorrar dinero. Los intereses son elevados porque el dinero para prestar es escaso. Si las personas llevasen más dinero a los bancos, estarían al mismo tiempo haciendo más riqueza —con los intereses ganados— y forzando a esas instituciones a reducir los intereses a pagar. Si menos gente necesitase pedir dinero prestado, los bancos comenzarían a «liquidar» dinero ofreciéndolo a menor interés.

Tal vez se pregunten: «Pero ¿los bancos no perderían dinero al mantener los intereses de los depósitos y reducir los intereses de los préstamos?» No, eso nunca va a suceder. Los bancos, como núcleo del capitalismo a través de su función de intermediarios financieros, siempre deberán ganar dinero. A mayor número de ahorradores, se hará presión sobre los intereses de la economía en el sentido de reducirlos. En un futuro distante, cuando la población en general reciba una educación adecuada (inclusive financiera), las ganancias bancarias serán mantenidas y las aplicaciones financieras también pagarán menos intereses.

«De esa manera, en una economía más rica, ¿no tendremos más los intereses elevados que garantizarán nuestro enriquecimiento?» Sí, solo que no serán más los intereses de renta fija o en títulos de gobierno. Con intereses más bajos y riqueza más abundante, las empresas tendrán mejores condiciones de captar dinero para crecer. La economía crecerá de forma más consecuente, habrá más riqueza en circulación y el mercado tendrá un comportamiento más previsible. Con eso, el riesgo disminuirá y el mercado de acciones tendrá un comportamiento más coherente, volviéndose interesante para todo tipo de inversionistas. Eso es exactamente lo que sucede en las economías desarrolladas.

¿Utopía? No; es un asunto de planificación. Se trata de algo que puede ocurrir dentro de unas décadas siempre que el horizonte de realización de las obras sociales de nuestros gobiernos crezca más allá de los actuales cuatro u ocho años.

Un futuro mejor depende de ustedes mismos, y de nadie más. ¡Sean felices!

Aprendan más

El hombre más rico de Babilonia

George Clason – ISBN 9789562913812

Esta colección de "parábolas babilonias" forma uno de los mejores acercamientos a los temas de frugalidad, planificación financiera y riqueza personal. En lenguaje simple y asequible, estas historias le encaminan al lector hacia la riqueza y el gozo que ella conlleva. Guarda los secretos de adquirir dinero, guardar dinero y ganar cada vez más.

¿Cómo llego a fin de mes?

Andrés Panasiuk – ISBN 9780881131550

Panasiuk desarrolla un modelo financiero basado en la prosperidad integral: no solamente es importante llegar a fin de mes, también es vital llegar a nuestra meta con el resto de nuestra vida balanceada en el contexto de nuestro tiempo, talento y tesoros (tanto tangibles, como el dinero; como intangibles, como el amor y el respeto). Provee siete principios de la prosperidad integral y siete ingredientes para el éxito económico además de consejos prácticos para estirar el salario para que cubra cada gasto.

La vida libre de deudas

Larry Burkett – ISBN 9781560635048

La vida libre de deudas se diseñó para proveer a individuos de principios bíblicos y consejos prácticos sólidos para que se extraigan de la deuda y la eviten en adelante. Burkett enseña estos principios a través de experiencias tomadas de la vida real de varios matrimonios al borde de la ruina financiera. Mientras estas parejas se extirpan de la deuda, usted recibirá consejo sobre la gama de asuntos económicos que tiene que enfrentar diariamente.

Camino hacia la grandeza financiera

Louis Barajas – ISBN 9780060535247

Esta guía ofrece a los latinos lo que necesitan para hacer que su dinero trabaje para ellos. Detalla unos principios financieros básicos e identifica las barreras culturales que enfrentan los latinos al intentar aprovechar sus recursos al máximo. Barajas guía a los lectores a descubrir por sí mismos las poderosas razones que tienen para crear el futuro seguro y abundante que siempre han anhelado.

La transformación total de su dinero

Dave Ramsey – ISBN 9781602551114

En lugar de prometer la dosis normal de remedios rápidos, Ramsey ofrece un método atrevido y sensato para los asuntos de dinero, proveyendo no sólo la manera sino también la esperanza arraigada que eleva el espíritu para salir de las deudas y alcanzar la salud financiera total. Ramsey desenmascara los muchos mitos del dinero (y así expone los peligros del dinero en efectivo por adelantado, alquilar para ser dueño, consolidación de deudas) y ataca las ilusiones y los descarados engaños del sueño estadounidense, el cual sólo anima el exceso de gastos y las grandes cantidades de deudas. *La transformación total de su dinero* no es una teoría. Funciona porque llega al meollo de los problemas de dinero: usted.

Finanzas familiares

David Bach – ISBN 9788497350099

Reconociendo lo sensible que es el asunto de las finanzas en muchas relaciones, este manual de dinero les ofrece a las parejas consejo sensato sobre muchos temas, desde el uso de las tarjetas de crédito hasta la jubilación. La guía enfatiza cuán importante es que las parejas trabajen juntas en equipo y les muestra cómo comunicarse francamente con respecto al dinero e identificar valores esenciales y sueños para crear un plan financiero seguro.

¿Cómo salgo de mis deudas?

Andrés Panasiuk – ISBN 9780881137521

Cómo salir de deudas parecer ser algo que está en la mente de todos. En este libro el doctor Panasiuk examina las causas de que tantos estén endeudados y ofrece consejos prácticos sobre cómo salir de deudas y no volver a caer en lo mismo.

Invierte en tu futuro

Julie Stay – ISBN 9780425196069

En esta guía práctica, la planificadora financiera y agente de bolsa Julie Stave explica cómo usar los fondos de inversión colectivos y otras inversiones a largo plazo para financiar su futuro. Su consejo contextualizado les muestra a los hispanoparlantes paso a paso cómo crear y realizar metas financieras, sea con respecto a la jubilación, mandar a los hijos a la universidad, o comprar una casa.

Cómo manejar su propio dinero

Laura Castaeda – ISBN 9781583220559

Castaeda le ayuda a aprovechar al máximo el dinero que usted gana, ahorra, invierte y gasta. Explica los detalles clave acerca de los ahorros, las deudas, las acciones, los bonos, las hipotecas, los impuestos y el envío de dinero a otros países, entre otros temas. Le capacita a tomar decisiones sabias con respecto tanto a su presupuesto actual como a su planificación financiera futura.

ACERCA DEL AUTOR

Gustavo Cerbasi es profesor de Administración en la Facultad de Economía y Administración de la Universidad de Sao Paulo (FEA/USP) y se graduó en Administración Pública en la Fundación Getulio Vargas. Se ha especializado en Finanzas en la Stern School of Business (New York University) y en la Fundación Instituto de Administración (FIA).

Da clases de posgrado en instituciones como la Universidad de Sao Paulo, Fundación Instituto de Administración y Fundación Dom Cabral y en diversos cursos ministrados *in company*. Es socio-director de Cerbasi & Asociados Planeamiento Financiero.

Con experiencia práctica y académica en finanzas de negocios, planeamiento familiar y economía doméstica, Gustavo Cerbasi desarrolla entrenamientos, conferencias y consultorías para diversos públicos en todo el país.

PUEDE PONERSE EN CONTACTO CON EL AUTOR:

Gustavo.cerbasi@maisdinheiro.com.br

www.maisdinheiro.com.br

NOTAS